ある弁護士のユーモア

韓 勝憲 著
ハンスンホン Hahn Seung-hun
舘野 晳 訳
Tateno Akira

東方出版

日本の読者の皆様へ

私の本が日本で翻訳出版されるのはこんどが二度目である。一九九七年五月に『韓国の政治裁判』が、サイマル出版会から刊行されたのが日本の読者の方々との最初の対面だった。ところがせっかくの出会いは長くは続かなかった。サイマル出版会の廃業で私の本も絶版になってしまったからだ。しかし、初版で「早退」したその本は、その惜しまれる短命のうちにも、日本各界の志を持つ読者たちとお逢いすることができ、また過分な評価を得られたのは幸いなことだった。それはたんなる「お世辞」かもしれないが、ともあれ多少は好評だったのは、ひとえに翻訳を担当してくださった舘野晳さんのおかげだったと思う。

舘野さんと私は著者と訳者の関係をはるかに超えて、親しさと友情を交わしてきた間柄である。舘野さんは韓国語に通じているだけでなく、韓国に関する該博な知識の持ち主であって、韓国に関する翻訳書のほかに著（編）書も何冊かある。たぶん本書の奥付にも略歴が掲載されるだろうが、本書のなかにも舘野さんとの関わりを整理した一篇の文章を収めている。しばしば翻訳書には原著者を紹介する訳者の文章が収録されているが、私はいま訳者を紹介する著者の文章を誇らしげに書きたいのだ。

今回の私の二冊目の日本語訳についても、舘野さんが引き受けてくれたのでとてもうれしい。韓国語だけでなく韓国の歴史、民俗、文化、政治、社会にあまねく通じている舘野さんでなければ、この私のユーモア本は、その真価（?）を発揮できないだろうからだ。私たちがこのように互いに「専属」関係になったのを私は幸運に思う。

私がユーモアに関する文章を書くようになった動機だとか、ユーモアの効用などについては、本書（韓国語版）のまえがき「ヤヌスの言語美学」（後掲）においてすでに明らかにしているので、ここで重ねて述べなくてもいいだろう。幸いに韓・日両国民のあいだには、いろいろと差異点もあるが、共通していたり類似する風土と意識・情緒が存在するので、私のユーモア精神もある程度の共感を得て、普遍性（?）を発揮することになればと期待している。

「日本人のユーモア感覚は西洋人に及ばない」との意見を日本人自身の文章で読んだことがあるが、韓国人も自分をそのように評価するのがお決まりである。確かにそのような面もあって、漢字文化圏または儒教文化圏の風土と体質が、ユーモアの開発・活用の障害になったのではないかと思われる。しかし、これはまた皮相的な観察というべきで、歴史的・潜在的なユーモア資源をわれわれが見過ごし、そのように錯覚（?）しているのかもしれない。

一九六〇年代後半のある春の日、当時大きな論議を呼んでいた在日外国人指紋押捺問題のシンポジウムに参席しようと日本に行ったとき、朝日新聞から原稿執筆を依頼され、時間に追われて慌てたことがあった。そのときは無謀にも直接日本語で原稿を書いたのだが、ホテルにやってきた記者に質問しながら依頼枚数を揃えた記憶がよみがえる。私は済まなさに、このように事前準備もなしに慌てふためくのを何というのかと尋ねた。そして「泥縄」という言葉を教えられた。読者のみなさんもご存じの「盗人を捕まえてから縛る縄をなう」というその言葉に、私は心のなかで「なるほど」をくり返した。

これは日本語のなかに埋もれている、貴重なユーモア性を確認させてくれる一例ではないか。だからみなさんはユーモアが足りないのではなく、ユーモアの潜在力を見逃しているのだと申し上げたい。われわれはユーモアの鉱脈をきちんと見さだめ、これを発掘し活用することにもっと力を尽くさねばならないのだ。

私はあえて本書を通じて韓・日間に「ユーモアの同伴者」関係が、民間レベルで生まれることを期待したい。ユーモアに関する本の著者挨拶なのに、あまりにも非ユーモア的になって申しわけないが、本業（弁護士）のせいなのだろうと理解してくださるようにお願いする。

本書の刊行に尽力してくれた前田憲二監督と出版を引き受けてくださった東方出版の今東成人社長、そして編集部の北川幸さんに深く感謝いたします。

二〇〇五年七月二〇日

ソウルにて　韓　勝　憲

「ヤヌス」の言語美学（韓国語版「まえがき」）

私は一九七二年に起こったいわゆる『タリ』誌事件（反共法筆禍事件）の弁護人だった。朴正熙《パクチョンヒ》軍事政権下ではきわめて稀なことに、この事件は一審から大法院［最高裁］まですべて無罪判決だった。けれども雑誌を出した汎友社《ポムサ》（代表、尹炯斗《ユンヒョントウ》氏）は大きな打撃をうけ、同年秋の、いわゆる「十月維新」の狂風で、ついに『タリ』誌は廃刊の悲運を味わってしまった。

数年後に『タリ』誌が復刊されると、私は編集委員のひとりとして参加しつつ、〈山民客談《サンミンケクタム》〉なるタイトルのエッセーを連載することになった。ところが復刊したその雑誌も、いくらもたたずにふたたび休刊となり、しばらくして汎友社は『本と人生《チェククァインセン》』という読書雑誌を出すことになった。そのとき私は、かつての〈山民客談〉への読者の反応と懐かしさのようなものにひかれて、こんどは〈続山民客談〉を書きはじめ、いつしか三年目にはいっている。

山民とは私に書芸の基本を教えてくださった剣如柳熙綱《コミョ・ユヒギョン》先生がつけてくださった私の雅号である。「客談」というのは、辞典には「無用な言葉」と説明されている。私はこの「客談」を通じて、正論に縛りつけられている堅苦しさと疲れから解放された気楽な文章を書いてみたかった。だから辞典における客談、すなわち「役立たずの無駄口」を叩こうというのではなく、論理、文法、厳粛主義などの束縛のない文章を、「客談」なる了解のもとでくり広げてみようと思ったのだ。

ときには冗談や放談が説教や雄弁よりも正直で真実に近づけると思う。楽しさと痛快さがともなう諧謔にも、そのように付随する長所があるのだ。硬く凝り固まった「号令文化」が氾濫する世の中で、心の余裕と興味を楽しむことのできる「言葉の美学」は、それこそ真の救いにもなりうる。それが西洋式分類法で、ウイット、ジョーク、ユーモアなどのうち、どれに属するかなどを問い質す必要はない。

日常の暮らしのなかで、偶然に瞬間的に浮かび上がって得られる諧謔こそ、われわれの心性と情緒を潤してくれる栄養剤や保湿剤になる。少しばかり目を凝らしてみると、われわれのまわりの事柄や自分の体験、それ自体が諧謔（的）であることが多い。軽い知覚や思惟作用を通じて諧謔（的なもの）に出会うこともあり、才知に溢れる言葉の饗宴を楽しむこともできる。

これらはわれわれが非情な現実と和解・共存できる「太陽政策」［金大中大統領が提示した北朝鮮包容政策］ともいえる。

この本にはどこかで聞いたり、読んだりしたネタよりは、私自身の体験によって得られた話がほとんどである。苦難に綴られた私の過ぎし日々のなかで、それでも諧謔マインド（？）は働いていたので、それなりにユーモアを保ち、楽観性を保ちながら隣人たちと笑いを共有することができた。これはひとつの祝福だった。「正しい・正しくない」「白い・黒い」などのなまじっかな論法の圧迫を逃れられる点からも、諧謔を含んだ私の物書きは自由な散策であり、旅程のようなものだった。こうした自由と楽しみを多くの読者とともに味わうべく、これまでの「客談」を一冊に集めて世の中に送り出すことにした。潤いの乏しい日常生活のなかで、この本の話し相手になってくださる方がいるなら大きな喜びである。

誰かが私にたずねる。「ほんとうにユーモアが豊富ですね。何か秘訣でも……」

「ただの笑い話ですよ。秘訣って、とくに秘訣なんてあるはずもありません。ユーモアはまだ免税ですから、心置きなくやっているのです。もしこれからユーモアに〝喜喜楽楽税〟でも賦課されるようになれば、やめるかもしれませんが」

「拝見していると、先生はとてもお堅い方みたいですが、まったく別の面がおありなのですね」

「そうですか? もともと私は二重人格者なんですよ」

そうなのだ。諧謔とかユーモアとかいうのは、けっきょく「二重人格者」が頼りにする「言葉の美学」ではないか。

この本には、これまで『タリ』と『本と人生』に連載したもののほかに、新聞や雑誌に書いたいくつかの文章を収めた。単行本として刊行してくださった汎友社の尹烔斗社長と、金永錫《キムヨンソク》室長に深く感謝いたします。

二〇〇四年六月一〇日

韓勝憲

●目次

第二章　法窓の内と外——71

第四章　歴史の曲がり角——139

第五章　海外手帖　175

第六章　政治の場の逆説——213

装幀——森本良成

第一章　自叙伝メモ

1　どんな運動をされてますか？

「韓弁護士さんはどんな運動をされてますか？」

健康維持のために何かスポーツをしているかとの質問である。

「そうですね。私は弁護士ですから、運動なら釈放運動みたいなものをしたことはありますが……」

こんなふうに冗談交じりの答えをしながらも、私の身体を案じてくださる、そんな質問をありがたく思う。

私はスポーツとは無縁のように痩せこけているが、実際のところやったことのあるスポーツはいくつかある。テニス、ゴルフ（七五年以後中断）、卓球、ボーリングなどを健康維持と興味にかられて少しばかりやってみた。それらのスポーツはすぐに健康にプラスになるというよりは、精神的な活力素になったと思っている。そのせいか私は辛くて険しい生活を、わりあいよく耐えて生き延びてきた。

私の体重は五五キログラム、いうところのバンタム級である。この体重は二〇年間変わらない。もしどこかの体重計が私を載せて五七キロ、または五三キロを指したとすれば、その体重計は二キロほどの狂いがあると断言してもいい。私の体重はたゆまず五五キロを維持しているからだ。それゆえ私の体重は秤のはかりでもある。秤で私の体重を測るよりも、私の体重で秤の正確度がわかるくらいなのだ。

会食やお祝いの席のような場所で、友人たちは私に対して身体が虚弱なのだから、こんなときにたくさん食べて肉をつけたらという。

「たくさん食べても相変わらず痩せこけていては面目ないから最初から食べないんです」

それでも心のなかでは身言書判《シンソンソバン》［人が備えるべき四つの条件、容姿、言辞、文筆、判断力］を思い浮かべたりもする。

「なぜそんなに痩せていられるのですか？」

少し決まり悪げにたずねてきたら、私は「日照りが厳しくてそうなった」と笑いとばす。

こんなふうに「弱虫」な私が、すんでのことで韓国を代表する健康人間にクローズアップされそうになったことがあった。

私と家族の健康を診てくださっているS病院のK博士から電話がかかってきた。

「KBSで韓国の有名人のうちで模範となる健康な人物を〈健康コーナー〉に推薦してほしいと頼まれたので、韓弁護士を推薦しておいたから断らずに必ず出演してください」

「えっ？　とんでもないお話です。私のように虚弱な人間が〈健康コーナー〉に紹介されるのは、コメディとしてはいいかもしれませんが……」

「何をおっしゃるのですか。私も医者としての名誉にかけて推薦したのですから出てくださいよ。しばらくしたら担当のディレクターが電話しますから」

果たして電話がかかってきた。

「私が健康な人間のサンプルみたいにテレビで紹介されたら、視聴者がきっと笑うでしょう。たくさん笑わせて健康に貢献するかもしれませんが、とにかくほかの適任者を選んでくださいよ」

こうして所信を貫いたまでは良かったのだが、すぐにその晩、熱が出て全身がずきずき痛むなど、風邪が襲ってきて夜通し苦痛を味わった。もしテレビ出演を承諾したとすれば、とんでもない偽善者になるところだった。

私は持病がないという点では健康体で、中年期肥満の心配がないのは幸いだが、人間がむやみに健康を自慢することもあるまい。

私は医者から疾病に対する神経過敏現象について、いろいろと聞かされたことがある。

「自分が何かの病気に罹っているのではないか」と怯えて訪ねてくる人びとが多いというのだ。私もそんな経験がないとはいえない。そのたびにK博士は簡単な診察だけをして、まったく正常だから心配しないようにと、無罪判決ならぬ「無病判決」をくだす。あるときは聴診器も当てずに、目だけでの診察（?）をして、とても健康に見えるのになんで気にするのかといわれた。高名な医者から異状がないといわれると、身体が軽くなり憂鬱がさっと消え失せてしまうのは、じつに不思議な体験だった。頭の痛みと肩の重苦しさも、ウソのようになくなってしまったのである。

五〇の峠を越えてから、名医や運動でも解決できないのは記憶力の減退だった。他人の心配事を引き受ける職業なので、もしそのせいでうっかり事故でも起こしたら、人の大切な運命と利益を損ねて大変なことになる。だから記憶力事故（?）が大型化もせずに、やってこられたのはまったくの幸いといえるだろう。

私なりの事故防止策は努めてメモをとることである。予定事項や留意すべきことを、細かくメモしてミスを防いでいる。「聡明不《チョンミョンブ》如《ヨ》鈍筆《トゥピル》」「どんなに聡明でも鈍筆には及ばない」という言葉を信奉しているからだ。

ある物をどこかに置いて、探し出せずに慌てるのはいつものことだ。「きちんと置かないからだよ」と母親がもどかしげな表情でいうので、私は「置くのはきちんと置いたのですが、探すのが上手くできなくて」と言い繕ったりする。

ドイツのある詩人は、記憶力減退症状で三年のあいだ医者の治療を受けた。そして後に友人にこう漏らした。

「確かにあの医者は名医だった。なぜなら俺は医者が請求する治療費と薬代を正確に記憶しているのだから……」

あげることは忘れてしまって、もらうことだけをあきれるほど記憶しているわれわれよりは、はるかに道徳的な「病状」である。肉身の健康に留意するのも大切だが、まずは心が老いていくのを警戒する必要がある。精神的な早老現象こそ、人間を虚弱にする要因なのだ。

なによりも心の若さを失わないようにしたい。

（『大韓電線』一九八九・一一）

2 名前

「お前は名前からして反体制だ。韓国の憲法に勝つというんだから、問題といえないこともないな」

「勝利という勝の字の代わりに、承服するの承の字に変えれば、無事だったのではないか」

私のしぶとい運命を〝名前〟から説き明かそうとする試みは、何人もの人から聞いたことがある。そんな話をくり返し耳にしていると、名が実につながる何らかの因果作用でもあるのかなと思ったりもするが、私の名前に対する自負心が揺らぐことはない。

私の名前は出生の一月前に、父親の友人である漢文の先生がつけてくださったものだ。その方は視覚障害者だったが、他人の吉凶禍福を予言し、しばしば名付け親にもなった。一ヶ月後に男児が生まれるのを知って、わが家の男の行列字に合わせてまえもって名前を用意してくれたのであり、それがうまく的中したわけだ。けれどもその方が四〇年後の朴正熙《パクチョンヒ》維新憲法まで見通して、そのような名前をつけてくださったとは思われない。

「姓名哲学」は西洋でも無視できないようだ。ベトナム戦争でアメリカは恥辱的な敗退を経験した。そのみじめな戦争でニクソンの悪名はいっそう高まったが、現地で戦わねばならなかったアメリカ軍の指揮官も、敗戦の恥辱を免れることはできなかった。

その不運なアメリカ軍司令官の名前が、よりによってウエストモーランド（Westmoreland）将軍だった。だから彼は北側のホー・チ・ミン軍を追いつめることができなかったのだ。彼の名前がノースモーランド（Northmoreland）だったら、米軍は北伐に成功するか、少なくとも負け戦にはならなかったと思われる。

名前が運命を支配すると信じる人が多いので、名付け商売を手がけて金儲けをした者がおり、名前を変えたいと思う者も少なくない。けれども裁判所ではなかなか改名申請を認めてくれないので、なぜ戸籍の名前を変えることができないのか、とたずねてくる人もかなりいる。

七〇年代初頭、いまは故人となった権純永《クオンスンヨン》弁護士とともに、あるラジオ局の電話相談番組を担当したことがある。ある日、改名手続きをたずねる相談者に、権弁護士はこのように即席答弁をしていた。

「李承晩《イスンマン》大統領時代に、私が判事として裁判を担当した被告人のなかにも〝李承晩〟という名前の人がいました」

私が最前方部隊に勤務していた自由党末期、ソウルに出てきて中央庁［当時の政府庁舎］の向かい側の曲がり角を通りすぎたときに、壁に「名付け・観相」と書いてあって、道ばたに座り込んでいる老人を見かけたことがある。彼の前には幸運の極致というべき名前が、紙に大きな漢字で書き出してあった。李承晩（大統領）と李起鵬《イキブン》（国会議長）だった。

四・一九革命の後に、ふたたびソウルにやってきて、その場所を通りすぎると、老人は相変わらずそこに座っていたが、名前のサンプルはすでに代わっていた。尹潽善《ユンボソン》（新任大統領）と張勉《チャンミョン》（新任国務総理）、この二人の名前だった。

朴正煕、崔圭夏《チェギュハ》、全斗煥《チョンドゥファン》という名前も、そのように浮沈しつつ漂っており、いまわれわれは〝盧泰愚《ノテウ》〟という名前の未来を見守っているところだ。


（『タリ』一九九〇・二）

3　二男一女？

私はこれまでただ一度だけ占いをしてもらったことがある。M放送局のJアナウンサーの誘惑に打ち勝てず、ある年の正月休みにいまは故人となってしまった、その放送局のアナウンサーC兄とともに三陽洞《サミャンドン》に出かけたのだ。Jアナウンサーの言では、とても正確でよく当たるということだった。訪ねたのは韓屋だった。離れの土間に靴がいっぱいだったところをみると、まさしく人気の占術家らしかった。

Jアナウンサーはその占術家のオモニと顔なじみで、われわれは特別な部屋に案内され、しばらくすると、われわれの運命を占ってくれる問題の占術家氏が姿を現した。

一目で私は彼の予言が外れそうな気がした。私はお手並み拝見という思いで彼と相対した。彼はじろりと私を見つめると、やおら紙を取りだし口を開いた。

「いまどこに勤めていらっしゃいますか？　これだけお話しください」

「はい。私は法律事務所に勤務していますが……」

しばし口ごもっていた彼の口からこんな言葉が飛び出した。

「二男一女でしょう」

「えっ、ちがいます。三男一女ですが……」

「そうですか？」と、彼は困惑した面持ちだったが、それでも引き下がりはせずに、素早く表情を取り繕い、「失礼ですがそのうちの一人は、外で生ませて連れてきた子どもではありませんか？」

隣でこみ上げてくる笑いを我慢していたC兄が、私の脇腹をチクチク突っついた。

「ちがいますよ」

「そうか、おかしいな。はっきり二男一女なんだが……。それはそれとして、法律事務所に通っていらっしゃるんでしょう。今年、司法考試を受ければ間違いなしに合格するでしょう。とっても運勢がいいですから」

「えっ、考試の勉強を止めてから十五年にもなるんですが、またまたなんの試験を受けるのですか？」（事実、私は当時から逆算すれば十五年前にすでに考試の勉強を終えていた。考試に合格していたから……）

「それでももう一度やってみなさい。本当に大変なら行政考試をやってもいいでしょう」

私は最初から彼を信じる気がなかったため、いうなれば妨害電波が強くて、彼の占いの結果は乱調をきたしたようだった。しかし、彼の判断は視覚的には正しかったと思われる。法律事務所に通ってはいる、顔立ちを見ても痩せこけて田舎っぽくて、私はどう見ても弁護士のようには見えなかったからだ。

せっかくの空前絶後のお出ましだというのに、私は失望（?）を禁じ得なかった。だが考えてみれば「うまく当たった」という人たちにしても、なにがきちんと当たったのだろう。政治家、事業家、公務員、受験生の父母などのなかには、占術や観相を信じる者が多いようだが、彼らにひと言いってやりたい。

「それなら青瓦台《チョンワデ》［大統領官邸］の主人たちの末路がなぜあんなふうになり、いまも自らの破滅に向かって走っていく勢道家たちがなぜあんなに多いのか」と。

（『タリ』一九八九・一二）

4　復活

私は二度の有罪判決を受けた。その騒ぎのなかで弁護士資格を剥奪された後、八年目に復権してふたたび弁護士になった。

一度なるのも難しい弁護士に二度もなったので、すごいだろうと自慢してみたい気にもなる。キリスト教では三日目に復活したイエスさまのことを二千年も大騒ぎしているのと比べてみたら、私の八年ぶりの復活はどんなにすごいものか。こんな話をすると「イエスさまに対して不敬だ」と妻はけんつくを食わせる。

私が失業していた頃、新聞・雑誌などでは、私の名前の下に「弁護士」ではなく、「前弁護士」という肩書きをつけた。一九八三年に復権になると「前」の字が取れておめでとうと挨拶された。そのとき私はこう答えた。

「〝前〟の字が取れたか、もうひとつくっ付いたのかわかりません」

七年あまりの失業期間中に、私は出版の仕事をやったが、出版社の創立後に、最初に出した本が文化広報部の販売禁止措置に引っ掛かりひどい困辱を受けた。金東吉《キムトンギル》教授の『道を尋ねるあなたに』という本が、現実を歪曲し国論を分裂させる内容で「大統領緊急措置」違反に当たるというのだった。私は一時は法律雑誌の編集の仕事をやって月給をもらったこともある。

考試学院の講師でもやってみるかと、ある学院を訪ねて受付にある講座案内のパンフを手にとり見ていると、そこの職員がたずねた。

「どの科を受験されるのですか。司法考試ですか、行政考試ですか」

私はまだ受験生と思われるほど若く見られたのかと気分をよくし、笑いながら古びた階段を降りていった。その頃、末の子どもは小学校に通っていた。ある日、先生が生徒に父親の職業をいろいろな類型に分けたうえでたずねた。

「判事・検事」、次に「弁護士」となったとき、末っ子は反射的に手を挙げた。だが、すぐに手を降ろしてしまった。父はすでに弁護士資格を奪われていると悟ったらしい。父の受難が息子の心に傷を負わせているようで、ひどく気が滅入ったことを覚えている。

しばしば弁護士の世界を「在野法曹界」という。その昔、王朝時代に朝廷とつながっている官職を「在朝」または「在曹」と称し、民間の法曹界を「在野」と呼んだのだ。ところが私はその在野からも追い出されたのだから、住むところはどこなのか。それは「荒野」である。

その荒野にまで追い出されてしまったので、私は世の中のことを広い目で見ることができるようになったのである。


（『タリ』一九九〇・一二）

5　重みのある男

「何キロおありですか?」

痩せこけた私の体つきをみての質問である。

「何キロですって!　それは昔ふうに言えば、何斤かということですから、ひどく失礼な質問じゃないでしょうか。強いていうならバンタム級で……」

私は幼い頃から虚弱体質である。風采の上がらない田舎者なのだ。太るのは願いだったが、それは果たされなかった。近ごろ世の中では肥満が万病のもとなのだといい、むしろ私の体質を褒めそやす人もいる。それに対してはこういう。

「ただ敬老のお言葉と承ります。早くから構造調整をした身体なので、必要な部分だけを残しました」

いつだったかエレベーターを待っていると、私の直ぐ前の人まで乗り込むとブザーが鳴った。そこで最後に乗った人が降りると、案内ガールが私をちらりと見つめて「お乗りください」というではないか。何か特別待遇されたような気分でエレベータに乗り込むと、今度はブザーが鳴らないまま静かにドアが閉まり垂直上昇を開始した。そのときにはっと自分は「軽量級なんだ」と蔑視されたように思い、特別待遇と錯覚したのが恥ずかしかった。

その後もやはりエレベータを待っていたときのことだ。私が最後に乗り込んだのだが、重量オーバーのブザーが鳴ったので、やむなくそこから降りた。そのときの気分は爽快だった。そして私は心の中でつぶやいた。

「俺も重みのある男なんだな……」

私の主治医K博士は私の体質のことを、アメリカでならば数千万ウォンも儲けたことになると、私をひどく元気づけてくれる。

前回春の海外旅行では、アメリカ人の肥満を（男女を問わず）原産地の現品（！）として目撃し、憐憫と同時に幸福感を味わった。肥満している人たちは動作が不便だし、バスや飛行機にどのように乗るのか案じられもする。女性の太っちょはとりわけ悲惨だった。行く先々で目につくその数がとても多くて「肥満天国」なる言葉を実感させられた。

どんなにひどいかというと、さきの六月にはホワイトハウスが乗り出して「ピトニス・チャレンジ（肥満に挑戦）」という一風変わったイベントを開いたという。アメリカでは成人の六一パーセントが肥満症になっていて、年々三〇万名が肥満関連の疾病で亡くなっているというから事態は深刻なのだ。アメリカ疾病予防センターの発表なので信じられる数字だろう。

ブッシュ大統領まで顔を出し、肥満人口減少を狙った「より健康なアメリカのための作戦」を展開するというのだから、その内容にとても好奇心が高まる。

それは住み良い国アメリカに限られた問題ではなく、程度の差こそあれ、われわれにもいずれ降りかかってくる火の粉ではないだろうか。

（『本と人生』二〇〇二・八）

6　風采

唐の時代の択人之法《テキンチポプ》［雇うべき人を見定める方法］に「身言書判」［訳注：前掲二〇頁］という基準があった。その最初の「身《シン》」は、風采や身のこなしを指す言葉である。人の外観は風采とつながって威厳や品性を見定める可視的要素ともなる。私の容貌はまさにこの第一の基準に遠く及ばない。三〇代前半のころのエピソードをひとつ。

雑誌社に勤務する若者が私を訪ねてきて写真を撮らせてほしいという。当時ひろく知られていた「ビタエム」という栄養剤の広告に、私の顔（写真）を入れたいというのだった。私はいった。

「私の顔を貸してくれというのならそれはいいけれど、もし私の写真を広告に使ったりすれば、その薬を飲んでいた人も飲まなくなってしまうのじゃないかな……」

するとその若者はあらかじめ答を準備してきたかのように、「そのような心配はご無用です。ビタエム広告の韓弁護士の写真の下に、〃このような方はビタエムを……〃というコピーをつければ、広告効果は倍増しますので」という。

このように私は逆説的な広告効果を持つまずいご面相なので、エピソードも少なくない。

若いころ検事をしていたとき、警察署の留置場監察やそのほかの用件で、立会書記（現在の「参与主事」）とともに管内に行くと、私は後回しにされて立会書記に敬礼をし、そちらに上席を勧める場合が多かった。

いつだったか私の法律事務所に、職員が昼食時間に出かけたときに訪問客が訪ねてきた。私が執務室から外に出て、何のご用件ですかとたずねると、韓弁護士を訪ねてきたというのだった。

「ああ、そうですか？　それではこちらにお入りください」というと、彼は手を振って遠慮する。

「いやお構いなく。私は韓弁護士が帰ってこられたら、直接お会いしてお話をしたいのです」

どうも私は弁護士らしい風貌や恰好には似つかわしくないとみえる。主礼《チュレ》〔結婚式の執礼人〕をしてほしいと要請されると、私はあれこれの理由を挙げて断ることにしている。「第一に、私が主礼をすると私の容姿のために結婚写真が台無しになる、構わないのですか？　第二に、私は前科二犯なんですが、それでも主礼をしてほしいのですか」

こうしたハンディキャップにもかかわらず、私は人々の前に出なければならないことが多い。法廷はもちろん、あれこれの集会・講演・講義・挨拶・祝辞・弔辞という具合に、なにかと人前に顔を出す機会が少なくないのだ。テレビの場合にはマスク（?）が少し物足りないが、それでも「痩せた顔はかえってカメラ写りがいいですよ」と慰めなのか、称賛なのかわからぬことをいわれたりもする。

私を見てガンジーに似ているという方もいるが、なによりも憔悴し痩せこけている共通点があるからだろう。「肥満は万病のもと」という通説からは慰められはするものの、それでも「身言書判」なる言葉がときどき思い起こされる。

（『本と人生』二〇〇三・一）

7　カリカチュア

私は自分の顔を描いた肖像画、またはカリカチュアの数点を大切に保管している。描いてくださった方々の情誼をありがたく思うからだが、それらの絵に描かれた私の容姿は見栄えするものではない。

コバウ金星煥《キムソンファン》画伯が描いてくれた肖像画は、とても丁重に描かれた作品だ。〝公正〟の象徴である秤を持って立っている姿なのだが、コバウの天性が染みこんだ名作である。顔面がほっそりしているのも、写実的な観点からは文句のつけようがない。

朴基禎《パクキチョン》画伯も私を喜ばせてくださり、真心を込めて肖像画を描いてくれた。西小門高架道路近くの路地の店で、鄭雲耕《チョンウンギョン》画伯とともに(三人で)昼食をしてから、中央日報の画伯室に入り下絵を描いてもらった。ところが後になって、いざ完成した絵を受け取ってみると、私のほっそりした顔は、頬がふっくらして満月みたいだった。確かに「現品」は痩せ細っているが、少しは福々しく描いてもらえればありがたいのだが、といった私の意見を尊重(?)してくれたのだろう。つまりあるがままではなく「希望事項」を描き出したものだった。鄭画伯がそばで「韓弁護士のネクタイも、派手なものを選んで結んであげましょう」といっていたが、果たしてネクタイも明るいものに代わっていた。現実には望めない風采を、絵のなかとはいえ身に付けたので気分が良かった。

朴載東《パクチェドン》画伯がペンで描いた肖像画は、まったく偶然にもらった贈り物だった。いつだったか「芸術の殿堂」の土月劇場公演を観に出かけ、ロビーで朴画伯に出くわした。お互いに久しぶりだったので、懐かしく向かい合って座り、飲み物を手に話を交わした。そのとき彼は肩に掛けていた鞄からノートのようなものを取り出し、何かメモでもしているようだった。そして立ち上がったときに一枚の紙を渡してくれたのだった。ジュースを飲み話をしながら、一瞬のうちに私の顔を描いたのである。

黒のペンだけで描いていても、わずかな線の流れに私の面影に似かよった輪郭が生きていた。惜しむらくは、私のほっそりした頬をあまりに真実に迫って描写したため、それこそガンジーのようになってしまったことだ。

「頬の近くの一、二本の筋を少しふっくらと描いてくれたなら、もっと良かったのに」との思いがちらっとかすめた。それでもその絵が気に入って久しく事務室に掲げているが、親しい知り合いのひとりに、そんな残念な思いを冗談まぎれに打ち明けた。するとその友人は「もしこの肖像画の頬に肉がついていたなら、韓弁護士のイメージを損ねることになってしまうでしょう」というではないか。どうも私のイメージはプロレタリア的な痩せこけタイプらしい。

数年前、芸術の殿堂の展示室で、いわゆる名士胸像展示会があった。どうしたわけか私の胸像もそこに紛れ込んでいたので、これについて若干の注釈を加えておこう。

いわゆる胸像の主人公となる名士を、作家たちがそれぞれ分担したらしいが、私を受け持った彫刻家は、顔見知りで学校の後輩でもあるY画伯だった。そのせいもあって胸像制作中の粘土模型を造った段階で、わざわざ持ってきて私に見せてくれた。平面の写真だけを見て、立体的な造形をしたらしいが、驚くほど私に似ていた。もちろん頬はぐっと凹んでいた。みすぼらしい顔に心苦しさを覚え、ひとつだけお願いをした。

「両方の頬にもうちょっと粘土をくっ付けてくれれば、少しは引き立つように思うんだけれど……」

私のこの依頼にY画伯はそうすると約束してくれた。だが、いざ展示場に出かけてみると、最初のものにブロンズを被せただけではないか。

「私がわざわざあのように頼んだのに。それに先輩・後輩の間柄で私の立場をよく知っているはずなのにこんなことってあるかい」。もちろん冗談半分の詰問をしたところ、彼は当惑げ(?)にいうのだった。「作業室で両頬に粘土を少しくっ付けてみたのですが、まったく別人になってしまいましたので……」

弁護士、監獄生活をした経歴、それに痩せこけた顔でも私はガンジーに似ているとの名誉を得たわけである。

(『本と人生』二〇〇三・一)

8 年齢

「おいくつでいらっしゃいますか?」

年齢をたずねるこの種の質問はありがたくない。だからこうごまかしている。

「生まれてからとても長くなってしまい、毎年その数字も変わってしまうので、よく覚えていません」

けれども「何年生まれですか?」とたずねられれば、一九三四年生まれと簡単に答える。二〇年ほど前に、ある新聞記者がやってきてインタビューを求めたときに、「括弧の中に年齢を満で（49）と入れてくれればインタビューに応じるが、（50）と書くのならダメだ」とだだをこねたことがある。そのインタビュー記事は、約束どおり名前の後に（49）と書いてあった。

五〇の線が迫ってくるのを恐れて、そんな無理強いをしたのだが、いつしか私も七〇のラインを超えた。その昔、還暦記念文集を出し、お祝いの会を開いたときには、年老いたという思いが禁じられなかったのだが、いまはちがう。

「健康で長生きしてください」と挨拶をされてもありがたくはない。たまに「お元気ですか?」あるいは「お元気に見えますね」と、誰かに声をかけられると「ええ、元気です。ただし〝いまのところは〟という言葉を前につけたうえですが」と答える。事実、私は「無病」という意味ではいまだに健康といえる。でも「顔色がとてもいいですね」と誰かがいえば、「はい、私の顔色がいいのではなく、あなたの視力が悪いのではないでしょうか」とお返しをしたりする。

「古稀」とか「還暦」がついたお祝いの会を私は断固拒否する。老化を認めたくないし、老人扱いされるのが嫌だからである。

そもそも「古稀」という言葉は、中国の詩人杜甫の「曲江二首」に出ている「人生七十古来稀」に由来するという。その当時、人々の平均寿命は五〇歳前後だったから、七〇歳はそれこそ「古来稀」だったのだ。実際に杜甫がこの詩をつくったときの年齢は四七歳だったという。

だから韓国人男性の平均寿命が七四歳を超えたいまになって、七〇歳を「古稀」というのはおかしなものだ。誰かが私に「万寿無疆［寿命が永遠であること］に長寿の体質ですね」と挨拶してきたら私はいうだろう。「長寿ですって？　人間があまりにも長く生きようと欲張ってはいけません。でも私は心残りなく九〇歳まで生きようと思っています」

冗談まぎれにそういったが、年齢にふさわしい身の処し方をと用心する癖が体に染みついている。いまでは上席に座らされたり、年配者扱いをされるのが不満である。行事や会合が終わって席を立ち車に乗るときにも、先に送り出され車に乗せられる。やむなく先に帰ることにしてひと言いう。

「それでは忘憂里《マンウリ》［ソウルの地名、共同墓地がある］に行く順番どおり私が先に行きます」

するとセンスのいい後輩が慰めの言葉を投げかけた。

「人生は先着順ではありません」

私が所属している「法務法人《ボンムボビン》広場《クアンジャン》」では、今年七〇歳を迎えた二人の弁護士のためにお祝いの会を開いてくれた。私は挨拶でこのように念を押した。

「私はみなさんから先輩扱いを受ける人間、敬老思想だけに頼る年長者にはならないように最善を尽くします」

（『本と人生』二〇〇三・一一）

9 美化

私が監査院長をやっていたころ、神経を使わねばならなかった「外風」は、青瓦台、国会、マスコミ、この三つだった。このうち青瓦台は大統領の無干渉主義と相互信頼のおかげで、少しも障害にはならなかった。監査院長は大統領が任命権者なので、その影響を受けるのではないかとのある方の憂慮に対して、私は「大法院長も大統領から任命状を与えられています。それでも大統領の影響や干渉を受けますか」と反論をした。

国会や政治圏も比較的好意的だった。監査院長署理《カムサウォンチャンソリ》［職務代理］の任命をめぐって野党が政治攻勢をくり広げ、憲法裁判所に提訴したものの、その中心標的は金鍾泌《キムジョンピル》（当時、国務総理署理）だった。監査院長の定年延長（六五歳→七〇歳）問題のときには、ハンナラ党［野党］の首脳部が私の定年も改正法によって七〇歳にするのが正しいと固執したので、従来の法律による六五歳定年退任を固守した私を困惑させたこともあった。

問題はマスコミだった。就任当時から私個人に対しては新聞・放送はかなり好意的だった。こうした現象は在任期間が終わる日まで変わらなかったので、この点は私としても、監査院としても幸いなことだった。

就任初期の記事はインタビューを含めて好評一辺倒だった。行き過ぎとも思われる美化に困惑させられたり、笑いを禁じえないこともあった。

そんな事例のひとつ。J日報は私と政治部長とのインタビュー記事は「金《キム》大中《デジュン》大統領と韓勝憲《ハンスンホン》」の関係を「生死をともにした同志」「話すことはすべて通じる間柄」「公私の境界はきちんと」というように好意的なものだった。それどころか「韓勝憲スタイル」という小見出し記事では、「聞くのを楽しむ方」「大幅入替えなしに静かに組織掌握」と私を持ち上げていた。

そのとき記者は私に意外な質問をした。

「洋服は一〇年以上にもなる古いものを着て通っていられるというのですが、ほんとうですか?」とたずねるかと思えば、「靴も長く履いたものではないですか?」というのだった。じつのところ、私は監査院長の品格を念頭に置き、洋服も靴もわざとましなものを選び、きちんとした装いで出勤していた。そこで「どうしてですか。ご覧のとおり、このように服も靴もみんな新しいものなんですが……」と答えたのに、いざ記事になると記者の望むとおりに、次のように整理されていた。

「彼は一〇年以上身につけた古い洋服をいまも着用している。靴はあまりにも古くなったので新品に取り替えたようだが……」

私の退任記者会見の記事で、H日報は「痩せこけた体軀と抵抗的知識人というイメージとは異なり、座中を意のままに操る話術と謙遜さで、監査院長としては異例な〝人気〟を博した彼は、〝どこの誰も監査院の独立を脅かしてはならない〟との言葉で退任の弁を結んだ」と、やはり過分な評価をくだしていた。

私は決して自慢げにこれらの記事を引用しているのではない。マスコミの好意や美化が事実誤認ばかりか、行き過ぎた化粧の副作用を引き起こすこともあるという体験を語ったまでである。
（『本と人生』二〇〇三・一一）

10 変な質問

どの官庁も同じだろうが、監査院でもマスコミ（新聞、放送、雑誌など）の関連記事をチェックし院長に報告する。広報官室は朝夕刊新聞の街版《カパン》［早刷り版］を入手してスクラップする。院長公館にファックスで送り届け、他方、事実と異なる誤報があれば「早く訂正せよ」とマスコミに対して削除や修正を求める。

このように私は公館に設置されたファックスで、翌朝の監査院関連記事に接することができたのだが、なかには根拠のない記事もいくらか混じっていて、やりきれない思いをさせられたこともあった。たんなる誤りではなしに、意図的な誤報や悪意の記事である場合はなおさらだった。

金大中大統領が日本に国賓として訪問した際に、私は公式随行員としてではなく青瓦台の要請で日本へ行き「親交人士招待行事」を主管してきたことがある。

金大統領の政治的受難期、つまり朴正熙時代に政敵に追いやられ迫害を受け、さらに日本からソウルに拉致されたとき、全斗煥時代には死刑宣告を受け、執行の危機に置かれていたとき、日本各界の多くの人びとが彼の生命と自由を守るために支援運動をくり広げた。死の直前で生き残った悲運の政治家が、ついに大統領になってふたたび日本の地を国賓として訪問する機会に、かつての支援者たちを一席に招くのは、これまでに例のない意味深い行事といえるものだった。たまたまその「親交人士」の大部分が、私とも交わりの深い方々だったので、出迎えて挨拶を交わしたのだ。それを終えるとすぐに帰国した。

しばらくしてある日刊紙に私の訪日を当てこする記事が掲載された。大統領から職務上独立を保つべき監査院長が、大統領の訪日に随行するのは筋違いではないかという論調だった。公務ではなしに私務で席を空けたとも批判していた。開いた口がふさがらなかった。経緯を知ってみると実に驚くべき伏線が現れてきた。監査院の取材があまりにもしんどくて相互協調でないため、出入り記者室の幹事であるK紙のL記者が、監査院長を懲らしめる記事を書く悪役を担ったというのだった。そんな底意を吐露したL記者は、その新聞の問題記事と同じ位置に同じ分量の監査院広報官の反論を掲載してくれた。

さらに滑稽なのは、その後の国政監査のときのことだった。野党議員のひとりが、その記事とまったく同じ内容で私に問い質してきたのである。私は答えた。

「大統領の国賓訪問には、政治的立場や公職者の職分はどうであれ、誰もが協力をしなければなりません。まさに質問議員と所属政党が同じで、国会議長まで歴任された重鎮議員も、その折りには同行されました。監査院長の私も大統領訪日の公式日程のひとつをお手伝いしようと、所定の公務出張手続きを踏んで出かけました。職務上の独立に少しも背くことにはなりません」

するとその議員は、大統領の外国訪問に随行した法的根拠は何か、と質問するではないか。私はこう答えた。

「わが国に外国の元首が国賓として訪問されれば、青瓦台の歓迎晩餐会のときに、大法院長も参席します。何らかの法的根拠があるからではありません。公職者は国のためにそのように包括的な職分を務めなければならないのであります」

その日の国政監査が終わると、その議員ひとりだけはお茶も飲まずに早々と帰ってしまった。

美化もよくやり、批判もよくやる韓国マスコミの体質に、決まり悪い思いをしたり、一杯食わされたり、心に傷を負った人がどんなに多いことか。それなのにマスコミ自身はそうした誤りにほとんど無感覚なのだから情けない。

(『本と人生』二〇〇三・一二)

11 前科二犯の主礼挨拶

誰かがいった。結婚は詩を散文に翻訳するようなものだと。まさにこの「翻訳」の渡し場に結婚式があり、主礼がいる。

私はなぜか若い頃から主礼を受け持ってきたが、近年になってその頻度が増したように思われる。じつのところ私は主礼の役目はご免したいほうだ。第一、主礼として新郎・新婦の新しい出発をお祝いするには、私の運命があまりにも険しいものだからだ。第二、私は主礼らしい風采や威厳が身に付いていない。第三、多忙な日程を割くのが困難なこと、車が詰まっているときなどには、時間のロスを思っていらいらする。

それでもついに断り切れなくなる場合がある。それは同窓、先後輩（そのうちでも特に同期同窓）の子女や法曹界の後輩、あるいは教え子が当事者のときである。

人生の最も幸せなお祝いに、わざわざ主礼をと頼んできたのに、それを断られた側の気持を思うと、私の心は怯んでしまう。それでも断りたいときにはこのようにいう。

「そもそも主礼はたんなる婚礼の進行役ではありません。新しい出発を祝福する役割です。だから主礼自身が祝福に値する人生を歩んできた人物でなければならないのです。私はみなさんもご承知のように〝前科二犯〟じゃないですか。前科二犯がどんなに主礼の言葉をもっともらしく述べ立てても、それがなんの祝福になるでしょうか。それに私のマスクや表情はさわやかとは無縁ですから、結婚写真を台無しにするかもしれませんよ」

こうした言い逃れは決してでっち上げた口実ではない。本当のところそうなのだ。式のときに主礼紹介を長々とする司会者を私は好まない。ある司会者は「本日の主礼先生は……」と切り出し、美辞麗句で〝飛行機に乗せ〟［おだてること］て長々しく述べ立てる。

私は「新郎・新婦は優秀な成績で何々大学を卒業し、将来が嘱望される……」と話したりはしない。だからといって格別な話をするわけでもない。夫婦は互いに愛し合い、理解し合いなさい、忍耐しなさい、正しく生きなさい、施す人生は価値あるものだ……。

となれば当然ながら、それは役立たぬ説教でしかない。名主礼の秘訣は、自分の生きてきた道とは正反対のことだけを並べ立てればいいのではないだろうか。

私はときどき妻の話を傾聴するようにと新郎にお願いする。主礼をする日だと知ると、妻は私の主礼の言葉が長くなりはしないかと牽制球を投げ込んでくるので、それを利用する。

「主礼の言葉が長いと新郎・新婦の足が痛くなって迷惑し祝福にはならないから、どうか短くするようにと、今朝、妻が言いました。新郎・新婦の前で妻の言葉を尊重する模範を示したいので、私の主礼の言葉はこれで終わりにいたします」

（『本と人生』二〇〇二・四）

12 互いに讃揚・鼓舞・同調せよ

主礼の言葉には時代状況につながる話が紛れ込むこともある。

ある大統領候補の息子の兵役問題が大きな波紋を広げ、兵役忌避が世論の批判を受けていたころに、ある結婚式場で聞いた主礼の言葉の一節はこうだった。

「新郎の尊父はいち早くソウル××大学を卒業された後、兵役義務を終えられた方で……新郎もまた軍に入隊し、兵役義務を果たされてから○○会社に入社し……」

このように〝時宜性〟が生かされている。

私は時局事犯の弁護をした縁で被告人の主礼をしたことがある。そのうちのひとりの新婦は、国家保安法事件で裁判を受けたときに、私が弁護を受け持ち、大学院でも私の講義を受講していたので、こんなふうに主礼挨拶をした。

「この結婚が決して一方による吸収統一になってはいけません。お互いに讃揚し、鼓舞し、同調して（国家保安法第七条に「反国家団体の讃揚・鼓舞・同調罪」がある）幸せになることを希望します」

この二人の結婚のニュースは、写真とともに新聞にも掲載されたが、そこには私の主礼挨拶のうちの「讃揚・鼓舞・同調して……幸せに」の部分も活字になっていた。

たまには結婚する側が、新郎・新婦の年齢・学歴・経歴、さらに親の職業などを書いてくれることがある。「主礼の言葉」の参考までにという意味だろう。そんな記載事項にひどく異色の内容があって当惑させられたこともあった。新郎・新婦の身長は何センチメートル、体重は何キログラム、血液型は何型と書いてあったのである。

それほど情がこもった内実の紹介メモを黙殺すると、招待者側は淋しいだろうが、でもそのまま漏らさず紹介せよというのにも困ってしまう。だからこんなふうに主礼の言葉に反映させてみた。

「招待側は新郎・新婦の身長、体重ばかりか血液型まで書いて届けてくれました。それは新郎の父上が考古人類学を専攻された方であるため、正確を期そうとされたからのようです。しかし、私は弁護士なので、個人のプライバシー保護の観点から、その内容を公開するわけにはいきません。この点についてご理解くださるようにお願いいたします」。客席からはもちろん笑いの波が起こった。

ある新郎は趣味として「胎拳道《テクォンド》及びキックボクシング」と書いてあったが、これはきっと新婦側を牽制する威圧目的ではないだろうか。

結婚式に招待客として出向いたのに、現場で主礼に徴発された経験もある。婚礼予定時間が終わろうとしているのに、主礼先生が現れないまま時間はどんどん流れていく。招待側と司会担当の表情がだんだん暗くなりはじめた。式場職員のせき立てるような言動にも、次の予定時間が迫っているのにと案じる色が浮かんでいた。客のほうも気配を悟ったのかいらだちを見せはじめた。

そんな雰囲気のなかで、人びとの視線がひとつ、ふたつと私に向けられたようだったが、ついに招待側の親戚のひとりが決心したように近寄ってきて「済みませんが、壇上に上がっていただけませんか」と懇願してきた。そんな場面での拒否や辞退は許されない。臨時主礼として壇上に上がると万雷の拍手が巻き起こった。準備のない主礼挨拶で無事にお役目を果たし、新郎・新婦といっしょに写真を撮ろうとしていると、本物の主礼が出入り口で、こちらに向かって何度も腰を屈め、手を合わせているのだった。

（『本と人生』二〇〇二・四）

13 募金

先日、韓国基督教歴史研究所の「後援の夕べ」に参席した。その研究所と私との因縁を考えると「除百事《チェベクサ》」〔ひとつのことに全力を尽くし、他事は差し置くこと〕で、ぜひ行かねばならぬ集まりだったからだ。私の気持がこの研究所に惹かれる理由はこうである。

第一は、二〇年前に、この研究所（初めは研究会）を設立し、育ててきた創立者に対する尊敬と信頼の念である。その方は信仰人として、学者として、さらに知識人として、どの面でも「模範」となる方である。同じことであっても誰が（どんな人が）するのかによって評価は異なってくる。「あれほどの方がなさるのであれば……」という気持が私のなかに確かにある。

第二は、韓国史を専攻する私の二番目の息子が、数年前からその研究所の研究員として、韓国教会史の研究に励んでいるからだ。

そしてこうした縁の延長線上で、私はその研究所の看板を揮毫したのである。下手な筆遣いなので、恥さらしをするのが嫌で固くお断りをしたのだが画仙紙を広げられ、とうとう筆に墨を含ませる羽目になってしまった。

閑話休題。この日の後援会の行事では、式順で祝辞の三番目に私が指名された。そんな席でいちばん最後の挨拶となるとどうしても不利である。前の人たちが良い話をみなしてしまっているからだ。聖書にも収穫のときに、後からくる貧しい人たちのために、落穂を少し残して置いてやるという話があるが、聖職者といえどもマイクの前ではその言葉を守ってくれはしない。

私は「この研究所の名前と看板が高い評価を受けているとしたら、それは私のおかげです」と切り出した。何のつもりでそんなふうに言うのかと、いぶかしげな表情を浮かべる聴衆に私はいった。

「研究所の入口に掲げられている看板の字を私が書いたからです」

その集まりは後援会だったのでお金の話もした。故金在俊《キムチエスン》牧師が一〇年あまりのアメリカ生活を終えられて、帰国した後にされた話も思い出された。

アメリカはキリスト教国家なので、ゴッド（God＝神様）に仕えるすべだけを知っていたのに、実はLの字をもうひとつ付け加えて、Goldに仕えているといわれたのだった。

この言葉は天なる神と財物にともには仕えられないという意味だろうが、神の意志と真理を広める仕事にも、金は手段として必要なものだから、Lの字ひとつを挟んだことを大切に思わねばならない。

最後に私は語源論をくり広げた。対価なしに金を出すこと、すなわち寄付や喜捨を英語でdonation（ドネーション）というが、この語源を辿ってみると、韓国語から出た言葉だという説である。つまりトンネシオ（金を出しなさい）→トンネショー→トンネーション→ドネーションと進化したもので、だから英語の寄付という言葉の語源国らしく、たくさんの募金をしなければならないと強調した。

韓国基督教研究所が二〇年間の間借り暮らしを終えて、新たに自前の建物を持つようになったのは、キリスト教界をはじめ各界から多くの後援と参加があったからだろう。

（『本と人生』二〇〇二・五）

14 矛盾

私はキリスト教に対する逆説的解釈で「学説」をひとつつくってみた。「ピラトのイエス裁判」に関するもので、ピラトを天下の悪役とみる説への反論である。広く知られているように、ピラトはイエスに対して死刑宣告をくだしたローマ総督であり、キリスト教では「極悪人物」とされている。どんなにひどいかというと、キリスト教徒たちが礼拝のたびに、暗誦する使徒信條に「ボンテオ・ピラトのもとに苦しみを受け、十字架につけられ、死にて葬られ……」という一節があることからもわかる。

だが、もしピラトがそのときイエスに「無罪」判決をくだせば、この三三歳の青年は、その後は万寿無彊［訳注：前掲三八頁］だったかはともかく、ゴルゴタの丘の十字架にかけられて死ぬことはなかったかもしれない。したがって復活もなかったのではないか。

それだから十字架と復活のないキリスト教だったなら、その後の二千年も、このように燦爛たるダイナミズムを保つことができただろうか。おそらく十字架の宗教、復活の宗教というキリスト教は成立しなかったかもしれない。

ここまで考えを辿ってみると、ピラト裁判の功過については再論の余地があり、ピラトをキリスト教の「功労者」に見立てたとしても、必ずしも逆説とか不敬とかは言い切れないように思われる。

十字架がキリスト教の象徴であることは、教会堂の建物やキリスト教関係の書籍で、しばしば見ることができる。聖職者やキリスト教信者の首飾りにも、十字架模様の装飾が愛用されている。

ところがじつに偶然な機会に、私は「とても当然なことの不当さ」に関する異説に接したことがある。

私が一九七五年春から年末まで、ソウル拘置所に閉じ込められていたとき、最初は赤い標識を胸に貼り付けて独房にいたのだが、虚弱症状がいっそう悪化して医務課に隣接する病舎へ転房となり、そこの収容者数名としばらく過ごしたことがある。そのなかには未決囚患者のほかに、「看病《カンビョン》」と称する患者を助け薬の世話もする既決囚がいて、彼らとも同じ房で暮らした。ところがその「看病」のほとんどは「エホバの証人」の信徒で、最近の言葉でいう「良心的兵役拒否」による裁判を受けた若者たちだった。彼らは時間になるたびに集まって座り『ウオッチタワー』という刊行物を広げて経典の勉強をしていた。そこで彼らから十字架について一般の通念を破る主張を聞いたのだ。イエスが十字架にかけられた「刑架」は十字架ではなく、横木がないただの柱だったという「説」——これは私も本で読んだことはあったが、それよりも刮目させられたのは、十字架をめぐる独自の見解だった。しばしばイエスが磔になって亡くなった十字架を、キリスト教の象徴として崇め、さらには首飾りにも十字架をぶら下げているが、これはまったく話にならないということ、自分の両親が拳銃に撃たれて亡くなったとしたら、その父母を追慕するために、拳銃模様の首飾りをぶら下げる者がどこにいるかという論理なのだった。

誰かが死ねば、天国に行って安息と福楽を享受するとしながらも、激しく悲しみ泣くが、これも論理的には矛盾ではないか——こんな疑問も出てくるのである。

（『本と人生』二〇〇二・五）

15 無料乗車券

もう三〇年前にもなるだろうか。私が住んでいた地域洞事務所のそばに敬老堂があった。そこの看板には「〇〇敬老堂」と大きな字で書いてあり、傍らに「年少者出入厳禁（但し六〇歳以下）」と小さな字が書き添えられていた。「ふーん、ここでは六〇歳も年少者なんだな」と笑ったことを覚えている。そのとき私は四〇代で、括弧の中に属していたのだが、いつしか括弧の外にはみ出てから一〇年にもなってしまった。

私が監査院長だったときの一九九八年秋夕の直前、ソウルのある養老院に慰問に出かけたことがある。おばあさんたちが暮らす部屋を訪ねてあれこれ話を交わした。ここでは六五歳がいちばん年少者なので、洗面水の準備をするなど世話をしなければならないという。ちょうど私もその年に六五歳になり、入所資格があったので随行した監査院の幹部にこういった。

「六五歳ならここに入って暮らす資格があるというんだから、このまま来たついでにここに残ろうか。私を置いてこのまま帰りなさいよ」

初めて地下鉄の無料乗車をした日、私は駅の窓口前でしばしためらった。住民登録証を差し出すと、駅員はろくに確かめもせずに白い乗車券をくれる。「済みません。敬老無料乗車をするようになりまして……」とか細い声でいったのだが、意外にも窓口駅員の声が返ってきた。「済まないことなんてありません。高齢者の立派な権利なんですから」

無料乗客に対してこのような言葉までかけてくれる、その駅員がどんなにありがたかったことか。いまでは地下鉄の駅窓口に近寄っただけで、条件反射のように切符が押し出されてくる。顔付きだけではほんとうに六五歳以上かどうかはわからない。身分証明を提示しなさいといわれたほうがどんなにか気分がいいだろうに。そんな確認すらしてくれないのがかえって淋しい。

私は社会福祉共同募金会の会長になって『土亭秘訣《トチョンビキョル》』［運勢を占う朝鮮王朝時代の書］にもない全国最大の募金団体の長になった。おかげで老人福祉についてもいくらか知識が増えた。韓国社会の急速な高齢化が生産力の低下と扶養対象の急増を引き起こし、国家競争力を低下させたということも知った。六五歳以上の高齢者数が全人口に占める比率が七パーセントを超えれば「高齢化社会」（aging society）といい、一四パーセントを超えれば「高齢社会」（aged society）というが、韓国は二〇〇〇年に七・二パーセントで、すでに高齢化社会に突入しており、二〇一〇年の一〇・七パーセントをへて、二〇二〇年には一五・一パーセントと高齢社会を迎えることになるという。それだけでなく、二〇三〇年には六五歳以上の高齢者が全人口の二三パーセントを占めるようになるというから、深刻な社会問題と言わざるを得ない。出産率の低下が高齢者比率をいっそう高めているのだ。

社会福祉共同募金会では、高齢者のための各種支援プログラムを実施しているが、その対象にまさに私自身も含まれているように思われて心が乱れる。

それでも私は頭を左右に振っていう。老いを嘆くなかれ。英語では一、二歳の幼児にも「old」という言葉をつけるではないか。

（『本と人生』二〇〇四・二）

16　魚の遺族たち

私は全羅《チョルラ》北道《プクド》鎮安《チナン》の山間の奥深い村で生まれ育った。わが面は行政区域でいってもわかりにくいので、「茂朱《ムジュ》九千洞《クチョンドン》のそばの八千洞《パルチョンドン》」という方が理解が早い。「山間僻地」という表現が似つかわしい場所で、「汽車を見たこともない人が多い」と誰かが見下したように言ったりすると、（それでも自尊心はあって）「汽車を見たことのない人はいても、飛行機を見たことのない者はひとりもいない」と反論したりする。

もともと山峡の地なので（日帝時代は現在とは異なり交通がひどく悪くて）魚を見かけることは滅多になかった。市の日（五日市）も無かった頃なので、この村あの村と巡礼（？）をする商売人の売り物を目にするのがせいぜいだった。そのころ農民が主に食べていたのは、いしもち、サバ、カタクチイワシ、太刀魚、小エビの塩から程度だった。みな塩漬けされたもので「鮮魚」ではなかった。だから私は鮮魚というものを食べることなく育ったわけだ。そのせいか大人になってからも、口に合わず食べられない鮮魚が多い。たとえばナマコ、タコ、カニ、牡蠣などが食べられない。ケジャン［醤油に漬けたカニ］をどうぞと勧められると、「私は係長［ケジャン、発音が同じ］は相手にせずに、課長［クワジャン］以上だけを相手にします」と丁重にお断りする。

私の検事生活の初任地は慶尚南《キョンサンナム》道《ド》の統営《トンヨン》［現在の忠武《チュンム》］だった。この港町はまわりの風光が美しく至る所に漁場があって鮮魚が名物である。名節のときわが家への贈り物はほとんどが鮮魚だった。ところが問題なのはわが家族の食性が家長である私に似ていて、本物の珍しくておいしい鮮魚を食べるすべを知らないことだった。まして生きている魚はどのように手を出したらいいのかわからない。やむなく隣家や母の話し相手の老人宅にその鮮魚を進呈した。平素は見ることもかなわない珍しく高価な鮮魚を受け取った人たちの喜びは並大抵のものではなかった。そればかりか、新たに赴任してきた韓検事の家族はとても心やさしいとの噂まで広がり、かえって当惑させられた。

いつだったかかなり高級に属する料理屋で、貴族風の鮮魚一尾が食卓に登場した。私はいわずもがなの話をはじめた。「こいつはあの広々とした海で、気分良く泳ぎを楽しんでいたのに、運悪く網に引っ掛かり、さまざまなルートをたどり水産市場をへて、この食卓にまでやってきたのだろうか。張本人はこうなってしまったけれど、こいつの遺族は今頃どんなにか悲しんでいるだろうね」

ところがこの食堂の支配人の言い分はちがった。

「心配はご無用です。そのときこいつの家族もみんな一緒に捕まえましたので。それこそ〝一網打尽〟にしましたから」


（『本と人生』二〇〇三・八）

17 失言――〝左翼〟論

イラク戦争で悪名高いジョージ・ブッシュアメリカ大統領は、侵攻の口実とした大量殺傷兵器（ＷＭＤ）が発見されないため、大統領選挙戦ではたいへんな窮地に追い込まれている。そんな彼がお粗末な冗談でもう一度ひんしゅくを買った。二〇〇四年三月二四日、ブッシュは放送記者たちをホワイトハウスの晩餐に招待した。彼は自分の官邸生活を撮った映像画面に、腰をしきりに屈めて執務室陳列台の下で何かを探す場面が現れたとき、こう叫んだ（という）。

「ＷＭＤがどこかにあるはずなんだが……。ここでもないし、たぶんあの下だろう」

このジョークに参席者は爆笑したというが、イラク侵攻で世界から揶揄の洗礼を受けているのだ。

千名を超える米兵が命を失った事実を考えるならば、この日のジョークは成功だったかもしれない。民主党と世論の批判を浴びるのも当然のことだった。素材自体が国の体面と死亡した将兵の遺族たちに、大きな傷を負わせたからだ。

ユーモアないしジョークは自由奔放な一方で、慎重でなければならず、努めて用心深くやらねばならない。冗談としては成功したとしても、誰かの心に傷を負わせたなら、それはイエローカードである。

私は「グッド・ネイバース」の李一夏《イイルハ》牧師とともに北朝鮮を訪問したことがある。私が会長の社会福祉共同募金会で、北朝鮮の子どもたちを援助するための現地調査だった。李牧師はすでに二〇回ほど北を訪問した対北支援事業のベテランだったので、私の見学・研修に懇切なサポートをしてくれた。

ところで食事時間になると、彼は左手でスプーンと箸を持って食べるのだった。ひどく慣れているようだったので、ひと言声をかけてみた。

「牧師さんは、北朝鮮に何回も来ていらっしゃるので、いまは〝左翼〟だけ稼働しているのですね」

この言葉に「一同爆笑」。ここまでは良かった。李牧師自身も笑っていたから。

問題はその後だった。しばらくしてから李牧師が低い声で私にこういうのだった。

「ほんとうはベトナム戦争で、右手の指を負傷したので左手を使うようになったのです」

私は申し訳なさと恥ずかしさで、そして事情も知らずに左翼云々といったことを何度もお詫びした。李牧師は聖職者らしく寛大に笑いながら「どういたしまして」とおっしゃったが、私は自分の失言を反省し、ユーモアの面白さが他人の心を辛く（または不快に）することがないように留意しなければならないと悟ったのである。

（『本と人生』二〇〇四・五）

18 預言的公訴状

朴正熙氏が長期執権を策したいわゆる維新時代には、司法府も自他ともに認める恥部を育てていた。とくに時局事犯を相手にしたときは、公訴状をそのまま書き写したような判決文が珍しくなかった。

私が受け持った在日同胞母国留学生事件では、長ったらしい公訴状記載事実のなかに変わった嫌疑がかかっていた。八〇年代半ばのあるときに、米不足で政府が混・粉食の奨励をしたことがあった。その結果、大学付近にも粉食店が増え、おいしくて値段も安いので大勢の学生たちが利用するようになり好評を博した。ソウルのS大学で勉強していた在日同胞の息子である学生が、夏休みに日本に帰り友人に韓国での粉食奨励策の話をした。まさにそのことが罪になると公訴事実に挙げられたのだった。法律専門家でもその話が何の罪になるのか、言い当てられる者は多くはなかっただろう。むしろいないというほうが正しい。

しかし、驚くべきことにそれは国家機密を漏らしたスパイ行為に該当するというのだった。「大韓民国の食糧事情に関する国家機密を漏らすことによってスパイ行為をした」というのだ。当時の検察の雰囲気と公安検事の属性を知りうる断面といえよう。

その頃の「確立された慣行」では、先に述べたとおり判決文は公訴状の完全なコピーだったから、懸念されることも多かった。私は判事室に担当判事を訪ねて要請した。

「粉食店の話をしたことが国家機密漏洩、またはスパイ行為として有罪になるのなら、それこそ国家の恥になりますから、どうかそのくだりだけは判決文から省いてください」

判事は私の言い分に理解を示したみたいだったが、いざ判決文を見てみると粉食店の話＝国家機密漏洩説がそのまま残っていた。

次に、私の主張を受け入れて公訴事実の一部分が判決文から削除された成功談（？）を書いておこう。

一九七九年一〇月、朴正煕大統領の暗殺に続く八〇年「ソウルの春」は、全斗煥などのいわゆる新軍部の野望で急転直下した。かの「金大中内乱陰謀事件」は、政治軍人たちの執権の妨げになる在野勢力を取り除く作戦だった。私も法廷に並ぶ助演級にスカウトされ拘束起訴された。ソウル拘置所に収容されて公訴状を読んでみると「被告人は金大中を大統領に擁立すれば、自分も間違いなく出世するだろうと確信し……」という一節に目がとまった。これはいったいなんたることか。

私は軍事法廷でこの部分を問題にした。「私にとっての民主化・人権運動は決して個人の出世次元のことではない。金大中先生を支持すれば間違いなしに潰されてしまう。まさにこの事件、この法廷がそれを実証しているではないか。にもかかわらず私が個人の出世欲で、ことをするように書かれているのは、根拠のない人格冒瀆である」

驚くべきことに、判決文にはこの部分が見当たらなかった。私のひと言でそうなったのなら珍しいことだった。歳月は流れて軍事裁判で死刑判決を受けた金大中先生は、一九九七年冬の大統領選挙で当選し「国民の政府」がスタートした。私も監査院長のポストに就くことになった。

偶然に内乱陰謀事件の判決文のことを思い出した。公訴状に金大中を擁立すれば、自分も出世云々という部分は予言したように的中したのだから、そのくだりを削除した判決（文）は誤判したのではなかったろうか。はっ、はっ、は。

（『本と人生』二〇〇四・五）

19　酒党結成

「ホモ・ビブルス」（Homo Bibulus）なる言葉は、「酒を知り愛する人間」という意味のラテン語らしい。それなら私のような非酒類派《ビチュリュー》［〝非主流〟と発音が同じ］とは関係のない語彙である。それでも『ホモ・ビブルス』という本の出版記念会に出席してほしいとの招待状が私にも届いた。

その本の表紙には「深遠で幅広い酒の世界を紹介する酒事典」と書いてあった。たとえ酒を嗜まなくても、「深遠で幅広い酒の世界」をのぞいて見るのは、精神衛生上も有益であるように思い乗り気になった。だが、招待状の次の部分になると私はひどく困惑してしまった。いわく「韓国人の酒道宣揚の先頭に立っておられる先生に、ご案内を申し上げます」というのだった。

私にとって「酒道宣揚」は国威宣揚に劣らずお門違いだし、それに「先頭に立っておられる先生」もまったくそぐわない。それはあたかも武力で民主憲政を踏みにじっておいて「権力の正統性の回復」とか「合憲的大統領」などというのと同じ錯覚である。

けれども、私はその出版記念会が催される日を忘れず、東崇洞《トンスンドン》の何とかホープという酒場に出かけていった。なぜなら、その本の編集者が、つね日頃から尊敬する朴石基《パクソクキ》先生だったからだ。さらに「心の酒杯を分かち合う、折角の場にどうかお出かけくださり……笑いを交わし合い……」という招待状の一節に惹かれたからでもあった。

酒の実力はないにしても、「心の酒杯」ならば遠慮することはないではないか。笑いまで交わし合うには、とりわけ共感を示さないわけにはいかない。この「心の酒杯」には酒類消費税や遊興税が付いていないし、笑いを交わしても付加税や譲渡所得税を課せられるおそれもない。

会場のビヤホールには、大学教授、政治家、マスコミ関係者、政府公職者など各界の人々が気楽な表情で集まっていた。そして「物書き商売」特有の形式にこだわらない温かな雰囲気が場内に漂っていた。

問題はその祝賀会をスケッチした新聞記事にあった。「文化界の、われこそ〝酒党〟一五〇名あまりが結集し盛況だった」までは構わない。その集まりに出た以上、「酒党」という豪快な称号を光栄にも受け入れればそれまでだ。

ところがその記事は、学会は誰それ、経済界、マスコミ関係、文壇では誰々と参加者の名前を書き連ねてあって、「法曹界からは韓勝憲弁護士らが〝代表選手〟として参加した」と書いてあった。ビール一杯すら飲めずに真っ赤になり、「赤化」すればすぐに捕らえられる反共国家で、戦戦恐恐の私が「われこそは酒党の代表選手」に祭り上げげられるとは、千字文《チョンジャムンテ》すら修めていないのに大提学《ジェハク》［朝鮮朝時代の弘文館・藝文館の最高官職］の席についたようで恐れ多いことだった。そういえば東ドイツでは、兵役拒否罪で懲役になった人物が国防大臣になっているとか……。

（『タリ』一九九〇・六）

20　株式配当金六百ウォン

ある会社から手紙がきた。株主に支給する配当金を受け取れという通知だった。ずっと以前、たぶん一九六〇年代の半ばに、法曹界で唯一の週刊紙『法律新聞』が経営難に陥ったときに、在野法曹界で募金運動を展開した。一口一万ウォンずつ出すと出資金払込済と処理された。そんな縁で私は法律新聞社の株主になった。毎年、株主総会の招集通知書がきたが、参加したことは一度もない。ところがいつからか配当金支給通知書まで来るではないか。今年も例年どおり、その金額は「六百ウォン」だった。六百万ウォンの誤記ではない。

問題はこの巨額（!）を口座振込みではなく、来社すれば支給するとしている点にある。交通費が配当金の数倍にもなるので、毎年権利を放棄してしまうことになるのだった。たぶんこの金は会社の雑収入として処理されているのだろう。

私はこのほかにもふたつの新聞社の立派な創業株主なのだ。一九八七年六月の民主抗争の後に、『ハンギョレ新聞』創刊のために国民株式公募運動がくり広げられたときは、いくらかの基金を出した。名前は株式代金だったのだが協賛金と思って快く差し出した。各界各層の熱い参加によって、目標額の五〇億ウォンが集まり、『ハンギョレ新聞』の創刊号が出たときの感激といったら……。

最初の頃、私は創刊委員会の仕事を引き受け、会議にも熱心に出かけていたのだが、問題はひとつやふたつではなかった。株主総数が六万名にもなってみると、実際の出席者だけでも一千名に達し、梨花女子高校の講堂を借りてやらねばならなかった。新聞社の役員選出に関する意見調整がうまくいかず、株主総会の開幕直前まで舞台裏での調整に汗を流したこともある。その後は諮問委員会に名前を代えて、引き続き新聞社の仕事を支えたが、社内の分派・葛藤のために辛い局面に何度も立たされた。株主配当金はまだないが精神的利益の配当だけで満足している。

私はさらに女性新聞社の創業株主でもある。それがいつだったたか、私の親しい李《イ》啓卿《ケキョン》さんが、

『女性新聞』を発刊するといって、やはり株主公募をしたのでわずかな投資(?)をしたのだ。私は早くから「親女性勢力」を自認していたので、創刊趣旨にたちどころに賛同したのである。そこには李啓卿さんとの並々ならぬ人縁が作用した——という点も見落とすことができない。

私が朴正熙政権のもとで刑務所暮らしを強いられ、弁護士資格も奪われて、失業状態で出版に手を出したときのことだった。李啓卿さんはわが出版社の新刊本の包みを両手に持ってバスに乗り降りし、集会の場所などに出かけて本を売り、その売上げ金を持ってきてくれた。貴族タイプの美人である彼女が、そのように骨の折れる仕事を進んで引き受けてくれ、苦労を買って出てくださったことを、私はいつまでも忘れられなかった。とりわけわが国で日刊紙としての女性新聞は、歴史上初めての特別な媒体でもあった。私は些少な株主でありながら、その新聞の寿命を心配していたのだが、いつのまにか数年たつうちに元気にうまく育っている。やはりここからも精神的効果という大きな配当をもらっているのである。

(『本と人生』二〇〇四・二)

21 健忘症

健忘症を自慢げにいう人がいるかと思えば、痴呆を自任し嘆く人も珍しくない。痴呆と健忘症はどう違うのか。その識別法を誰かに聞いたことがあるのだが、ほんとうに健忘症のためなのか、その男の名前が思い出せない。

約束をしておいてやってこない者が、後に「あっ、そうだったか！」といいながら、済まなかったと謝るなら健忘症だが、「おれがいつそんな約束をしたかね」と食ってかかってくるなら、それは痴呆なのだ。

年を取ったのだから仕方がないと弁明すると、「若い私たちもそうです」と慰めてくれる人もいる。

有名な心理学教授が「記憶力増進法」についての特別講義をした。講義室は満員で熱っぽい講演に耳を傾ける聴衆がとても印象的だった。講義を終えた教授は盛大な拍手を受けながら会場を後にした。だが、すぐに慌ただしく講義室に戻ってきた。不思議に思った受講生が「先生どうなさったのですか？」とたずねると、その教授は一瞬当惑した表情でこういった。「ついうっかり、鞄を忘れたものだから……」

現代人の健忘症を象徴するこんな話もある。

タクシーに乗っていたあるおばさんが、しばしぼーっとして運転手にたずねた。「済みません。私はどこに行ってほしいと言いましたか？」。すかさず運転手の口から放たれた返事はこうだった。「おばさん、いつ乗ったんですか？」

ドイツ生まれの有名な作曲家バッハは、日常的な仕事は妻に一任し顔出しをしなかった。それほど彼女が暮らし向きを全面的に切り盛りしていたのである。月末にやってくる各種請求書のたぐいも、いつも「妻にいってください」と引き渡せばそれまでだった。ところがバッハが外国に出かけている間に、妻が病死し、彼は葬儀が終わった後に帰ってきた。悲しみに浸りぼーっとしているところに、葬儀屋がやってきて請求書を差し出した。このときバッハは泰然としてこういった。「うちの女房に支払ってもらいなさい」

知識人や政治家らの「気の抜けたような声」は、聞くほうが当惑させられ、憤慨させられもする。自分の品行や言行不一致の言動を、彼らは当たり前と思っているからだ。前述した識別法によれば、「しまった！」程度の健忘症ではなしに、「おれがいつ？」式の痴呆が大流行しているのだ。

考えてみれば普通の健忘症や痴呆は、それぞれ不可抗力や過失によって生じるものだが、政治家連中のたわ言は計算された故意によるものが多い。痴呆矯正広告がよく目につくが、そんな医学的方法くらいではどうしようもないのが政治家の痴呆症状である。汝矣島《ヨイド》［国会議事堂がある。韓国政治の本山］のような場所に「政治家痴呆矯正センター」でもつくればいいだろう。

（『本と人生』二〇〇二・八）

22 "donation"研究

社会福祉共同募金会は、おそらくわが国で最も規模が大きく、模範的に運営されている募金事業団体だろう。いまだ寄付文化が開花する前なので、困難なことも少なからずあるが、それだけに大きなやり甲斐もある。

会長である私としては何事もそうであるように、募金事業もちょっと楽しい気持でやってみたい。いや実際に楽しいことを探してみたりもした。年末年始の募金キャンペーンを前に、あれこれの行事のことで、広報大使である有名な俳優・蔡時羅《チェシラ》さんと共にした時間もあり、共同募金会の招待で寄付者向けのコンサートのために帰国した世界的なソプラノ歌手申永玉《シンヨノク》さんと、親しくおつき合いすることもできた。

世界的なプロゴルファー朴セリ選手からは二億ウォンの寄託があり、その伝達行事のときにお会いすることができた。

私は彼女に感謝しながら、こんな挨拶の言葉を述べた。

「黄泉の国に行った三人に閻魔大王がたずねました。もう一度生き還ってこの世に戻ってくるとすれば何になりたいか。この質問に第一の人は王様になりたいといい、第二の人はスターになりたいといいました。三番目の人は欲張りなのか王様とスター、この両方になりたいといいました。三人はみんな生き還って、二人は希望どおりに王様とスターになったのですが、それでは三番目の人物は何になったでしょうか？　『スターキング』になったそうです。真の世界的スターであり、同時にキング（女王だからクイーン？）になった方が、ここにいる韓国の誇り朴セリ選手です」

こんな紹介に続いて「主の祈り」のパロディ――。

「キリスト教で暗誦する『主の祈り』に『私たちを誘惑に遭わせず悪い者から救ってください』という句節がありますが、これをパロディにして祝福いたします。朴セリ選手、今年はどうかボールをバンカーの誘惑に遭わせず、ただホール（カップ）にしっかりくっ付くようにしてください」

そして今年（二〇〇三年）、私が年賀状に書いた「和為貴」という言葉を刻んだハコヤナギの筆立てを答礼品として差し上げ、このようなお願いをした。

「ここに刻まれている漢文は〝和睦（または和合）が大切である〟という意味です。どうかドライバーと和睦し、アイアンと和睦し、パターと和睦し、勝ち進まれるように」

「寄付」の語源研究（?）も、募金事業の明朗化の一助となっている。

「寄付という言葉の英語 donation は、韓国語の〝トンネショ（金を出しなさい）〟からきたもので、〝トンネーション〟―〝トネーション〟と進化しました。だからトネーションの語源国（?）らしく、寄付文化の育成にみんなで参加しましょう」と述べる。

私の学説（?）に、高建《コゴン》（前国務総理）氏が修正意見をだした。「トネーション」はイギリス式発音だから、〝トーネショ（もっと出しなさい）〟が正しいのだという。私よりも学識、実力ともに優れた方だから、彼の言葉が正しいらしいと別のところで援用したら、それは違うという異説が現れた。英語で〝O〟は、すべて〝ア〟と発音するのだから、「ターネショ」―「ターネイション」（みんな出しなさい）が正しいというのだった。

整理をすると、「トンネショ」―「トーネショ」―「ターネショ」と、欲の皮のほうがグレードアップしたわけだ。私は「ターネショでは礼を失するので、トーネショくらいがせいぜいでしょう……」と明朗募金の雰囲気づくりに気遣ったりする。

募金に役立つことならばと、寄付者に対するお願いや感謝の言葉はいかようにも申し述べている。寄付額と寄付者の名前（たいていは企業名）が書かれた看板のようなボードを入れて、寄付者側（オーナー、CEOなど）と並んで写真撮影をし、デパートのクリスマス点灯式にも出かけて行く。台風の被害民にキムチ三〇トンを贈りたいという、外国企業のキムチ漬けイベントにも出て、テレビカメラの前で下手な演技をするかと思えば、障害児といっしょに鐘を鳴らす公益広告のモデルの役を務めたりもする。

このように私が募金団体の責任者になり、「広大《クワンデ》」［仮面劇や人形劇の俳優］役をするのだから、『土亭秘訣』［訳注：前掲五三頁］にもない配役なのだが、感謝の気持で誠実にことを尽くさねばならない。

（『本と人生』二〇〇三・四）

第二章　法窓の内と外

1 裁判官の性的興奮

弁護士の弁論だからといって、いつも論理に縛られたり、お堅いばかりではない。多少は「笑わす」弁護もある。

小説『楽しいサラ』が淫乱な表現物だとして、著者の馬光洙《マグワンス》教授が起訴されたとき、私はその作品の淫乱性の有無をめぐって法廷で検事と論争をくり広げた。私はその小説の作品性とは関係なしに、ひたすら表現の自由を守るという立場で馬教授の弁護をしたのだ。

その小説は男女の変態的性行為をかなり露骨に描写していたので、刑法でいう「淫乱な文書」に相当するというのが検事側の主張だった。これに対し被告人側は、決してそうではないと反論した。

淫乱の要件は、判例によれば「人の性欲をいたずらに刺激、興奮させ一般人の健全な性的道義心を損なうもの」だという。性的興奮を引き起すのが、淫乱罪の第一の要件だというので、それなら今の映画のほとんどは淫乱物であり、さらに男には女が、女には男がつまりは淫乱物ともいえる。

約百年前の日本の判例をそのまま崇めたて、二番煎じ、三番煎じをしているのだから、そんな無理が出てくる。

けっきょく、性的興奮の有無を基準にするにしても、同じ本を読んでも人によって興奮することもあり、興奮しないこともある。「平均的一般人」を基準にするといっても、漠然としていてどうしようもない。つまり裁判所の判事が、馬教授のこの小説を読んで性的に興奮すれば淫乱物であると判決するのであり、興奮しなければ淫乱物ではないと判断するのだろう。鑑定人や証人の意見も裁判官が信じてくれなければそれまでなのであり、裁判官も人間だから自分の体験に合わない意見を認めるはずはないからだ。

そこで一審の最終弁論のときに、私はこう主張した。

「壇上の裁判官のみなさんのうち、この小説を読んで性的に興奮された方は、たぶんひとりもいらっしゃらないと私は確信します。ですから被告人に無罪の判決をくだされるように望みます」

だが一審判決は「有罪」だった。私はひとりごちた。

「やっぱり若い裁判官なので（性的に）興奮したらしいな」

期待した控訴審もやはり有罪だった。大法院の保守性を考えて上告を敢えて放棄しようとすると、もう一度上告してみようと言い張る者がいた。大法院の判事だったら少しは年齢を食っているから、そんなに容易には興奮しないという期待（?）からの主張だった。

一理があるように思われたので、気を取り直して上告をした。けれども長々しい上告理由書の甲斐もなく上告は棄却された。すると誰かのひと言。

「そういえば、大法院の判事たちもまだ老人ではないから……」

（『本と人生』二〇〇二・二）

2 名答

法廷は特異な空間である。刑事事件であれ民事事件であれ、当事者の心のうちは不安、怒り、打算、それ以外のものではあり得ない。法廷の内と外では、言い争いや殴り合いがくり広げられもする。けれども法廷とていつも殺伐としているわけではない。ときには緊張と退屈を破る笑いがこぼれるときもある。

とある中年女性が刑事裁判の被告人として出廷した。裁判長が氏名を聞き、続いて「住所は?」とたずねた。女性はよく聴き取れなかったのか「えっ?」と聞き返した。裁判長はさきほどよりもさらに柔らかな口調でいった。

「あなたの住んでいるところはどこかとたずねました」

すると、その女性はわかったというふうに、自信たっぷりの声で「私が住んでいるところはどこなのかというのでしょう。あのーう、元暁《ウォンヒョ》路《ロ》一街《イルガ》のバス停から少し行って右側の薬局の路地に入って、左側のいちばん端っこの家です」。

言葉を間違えたわけではない。いや、なに洞のなん番地というよりは、はるかに明確で実感あふれる名答だった。法廷内は裁判長をはじめ傍聴者も一斉に爆笑。

ある民事事件の法廷に高齢の老人が証人として現れた。証人尋問に先立ち、裁判長は氏名・住所に続いて職業をたずねた。その老人は難聴なのか「なんですって？」と問い返し、手のひらを耳にあてた。裁判長は「おじいさんがしている仕事はなんですか？」と丁寧（？）にたずねると、老人は笑いを帯びた顔つきでこう答えるのだった。

「わしは毎日めしを食って寝るのが仕事なんで……」

そのとおり。やっている仕事が何かとたずねられたのだから、答えとしては具体的で率直である。もちろんここでも一同爆笑！

民事裁判では弁護士が訴訟代理人として出て、当事者のために弁論をすることが多い。このようなときに人びとは「弁護士を買った」といったりするが、それなら（弁護士に委任する者は）人身売買をしたわけだ。

しかし、なかには弁護士を選任せずに、当事者（原告または被告人）本人が直接法廷に出て、訴訟をすすめる場合もある。それをみると少し不慣れで笑いをかき立てられることもあるが、反対にひどく達者なのでかえって共感できないこともある。

たとえば「乙一号証から三号証までは成立を認定、立証趣旨は否認し、乙四号証は成立を認定し、利益として援用します」と流暢に述べたりすると、アマチュアではなくプロという印象を与えたりもする。

そうかと思えばこんな寸劇もあった。

ある民事事件に訴訟代理人（弁護士）なしに直接、裁判に出廷した原告に裁判長がたずねた。

「原告、立証しなさい」

「えっ?」

「あなたの主張を立証する証拠を出してください、ということです」

「証拠ってなんの証拠? 村の人たちがみんな知っている明らかなことなので、あらためてなんの証拠を出すのですか!」

これくらいになると、ただ笑ってばかりはいられなくなってくる。


(『本と人生』二〇〇二・二)

3 「被告人」と呼びなさい。

わが国には「大統領になった死刑囚」もいるが、「被告人になった大統領」は三人もいる。尹潽善前大統領は二度も被告人の身で法廷に立った。最初が一九七四年春、朴正熙氏が宣布した大統領緊急措置違反事件で、二度目は一九七六年の民主救国宣言事件(三・一明洞事件)だった。前職大統領を被告人席に立たせることを、朴政権の独裁は恥じらいもしないのだった。法廷ではまず呼び方が問題になった。弁護人側は前職大統領という身分を念頭におき「閣下! 閣下は……」と丁重な言葉を使った。すると裁判部では「閣下! 閣下! とはいわずに、〝被告人〟と呼びなさい」と注文をつけてきた。すると共同被告人だったひとりの教授が応酬した。「検察官は私に対しても

〝教授ニム（さま）〟といっているのに、なぜ〝閣下〟はいけないのか――」と。

七〇、八〇年代の軍事政権下の時局事件の裁判では、ときどきそんな神経戦がくり広げられた。後に国会議員となった金民錫《キムミンソク》氏が学生の頃、時局事件で拘束起訴され刑事法廷に引き出されたことがある。

一九八五年八月、夏の盛りの暑い日、ソウル刑事地法大法廷。

「裁判長！　金君が刑務官に遮られて見えないので、刑務官を少し後ろに下がらさせてください」

弁護人は抗議を兼ねた訴えとして、こんな要求をした。

すると裁判長いわく「弁護士はいつでも〝君〟とか、〝学生〟という呼称を使っているが、今後は〝被告人〟と呼ぶようにしなさい」

（弁護士）「〝君〟という呼称が法に抵触するのですか？」

（裁判長）「抵触はしないけれども、適当ではないと思います」

（弁護士）「刑事訴訟法のどこにそれが不当という条項がありますか？」

（裁判長）「裁判を受けている以上、〝被告人〟と呼ばねばなりません」

こうした論争はたんなる呼称以上の問題を含んでいた。一方的な起訴に対する抗弁と無辜な犠牲者の擁護という弁護人側の含意があり、他方にはいずれにせよ裁判に回付されたら「被告人」なのだという、裁判部の権威意識が対角を成していたのだ。ただしてみれば、一方の側だけを固執する理由も、反対する理由もなかったのだが、当時の現場では壇の上下でくり広げられる神経戦の原因となったのだ。

要するに間違ったことではないが、気に食わないというのであり、呼称問題は微妙で難しいものがある。こんな例もあった。

韓国の女性運動と民主化運動、そしてＹＭＣＡ運動の母といわれる趙アラ女史が、二〇〇三年五月八日に、九二歳で他界されたとき、私は光州《クアンジュ》に行って永訣式で弔辞を読んだ。そして出棺の行列に従って全南道庁の広場をへて、故人の母校である楊林洞《ヤンリムドン》のスピア女子高校にはいった。講堂の前の「趙アラ先輩、あなたの遺志を受け継ぎ、輝かしく生きていきます」という懸垂幕が目についた。教職員と在学生が遺骸の前に出て離別の席をつくった。そして生徒代表が追悼文を読んだのだが、故人に対する呼称が「先輩《ソンベ》ニム」だった。つまり同門の先輩なのだからそれでいいということなのだろうが、一〇代の女学生が九〇歳を超えたおばあさんに「先輩ニム」と呼ぶのは、なぜか違和感を覚えた。

その学校の校門に掲げられている懸垂幕には、こんな一節も書かれていた。

「スピアの娘、趙アラ姉さん召天」（――そう、「姉さん」と……）

柳寛順《ユクァンスン》女史は一七歳の若さで殉国したので、永遠に「姉さん」で通じるが、九二歳のおばあさんを一〇代の生徒が「姉さん」と呼びかけるのはどうしても筋が通らない。哀悼の席でそんな考えをするのは、明らかに礼を失したことになるかもしれないが。

（『本と人生』二〇〇三・一〇）

4　珍風景

しばらく前、ソウルのある法廷で弁護士が、裁判長の訴訟指揮に従わずに審理を妨害したという理由で、監置処分され拘束された事件があった。弁護士が裁判長の制止に従わなかったのが理由とされたが、判事のやり過ぎというのが衆目の一致するところだった。異議申請が受け入れられて、一日でその弁護士が釈放されたことからも肯ける批判といえよう。

しばしば法廷は神聖だという。しかし、裁判というものは鋭く利害が対立し、人身・名誉問題を左右するので、静粛とはかぎらずしばしば激論や衝突がくり広げられる。

七〇、八〇年代に軍事政権に対する抵抗が迫害を呼び起こし、時局事件の裁判が広まっていた頃、法廷では激しく殺伐とした争いが展開された。一九八五年の夏に開かれたソウルのアメリカ文化院事件裁判のときは、判事が弁護人の訊問や被告人の陳述を一〇回以上も制止したので、舌戦が激化したこともあった。過激な言葉が飛び交い陳述が長くなると、裁判長は「はい」か「いいえ」のいずれかで答えるようにと促した。「動機部分は先日のソウル大生裁判で出ているのでさらに聴く必要はない」(被告人は高麗大生だったのだが)とか、「訊問を妨害すれば身分のいかんを問わず退場を命じる」と脅しをかけたりした。それならと被告人席の学生らも「この裁判部は峻厳で神聖であるべき司法府の判事ではないと思う。こうした状態では裁判を受けるわけにはいかない」と力の限り抵抗する。最後に裁判長の口から放たれる決定版は「退場命令」だった。

　弁護人がたずねる。

「意識化教育を受けたことはありますか?」

A被告人（学生）「意識化とは本来の意味とは異なり、学園弾圧のための歪曲……」

裁判長「〝はい〟か〝いいえ〟だけで答えなさい」

弁護人「籠城の目的はなんだったのですか?」

B被告人（学生）「光州事態……」

裁判長「同じ趣旨、つぎの被告人」

弁護士「話が終わってもいないのに、どうして同じ趣旨と断定するのですか?」

裁判長「籠城の目的はすでにソウル大生たちの陳述でみんな聞きました。重複した陳述をふたたび聞く必要はない」

　裁判長の被告人陳述制止—弁護人の異議提起—裁判長の退場警告—両者間の言い争い—休廷宣言（ときには被告人に対する退場命令）。

　ある事件では被告人や弁護人が裁判を拒否し、退場させられたこともあった。最初から裁判が脚本どおりに進行したり、裁判官の偏見と独断が露わになれば、そんな裁判を受ける価値はないからである。

　かつて軍事政権下の司法府は、本来の司法とは離れていることも敢えて拒みはしなかった。だから後日、裁判官自身から反省と自責の声明が出たこともある。いままさに「司法改革」がふたたび話題になっている。真に国民のための司法、正義を実現する司法であるべきで、軍事政権時代のような法廷の悲劇（喜劇？）を再演してはならない。

（『本と人生』二〇〇三・一〇）

5　解憂所

済州島《チェージュド》というと、私がまず第一に思い浮かべるのは「解憂所《ヘウソ》」というところだ。木石苑《モクソックオン》入口の「解憂所」なる表示板をみると、誰もはじめは妙な好奇心をかき立てられるが、知ってみれば、それはトイレの別称なのである。

「化粧室」が西洋式の装飾語であるのに対して、「解憂所」とはとても東洋的な深遠さと格調を感じさせる表現だ。たとえば何らかの事情で長い時間、生理的欲求の発散をできずに落ち着かなかったのが、そこにたどり着いて宿願（？）を果たしたなら、それこそ「解憂」以外のなにものでもない。

このように切迫した気がかりなことを解決する場所が解憂所なら、弁護士事務所や裁判所も解憂所といえるだろう。そう書いて貼り付けておいたら、済州島での経験を生かしてとび込んでくる者がいるかもしれない。それにしても急ぐ人のために功徳を施す場所であることには代わりはない。

問題はそこを訪ねてくる人にとって、済州島の場合のように、さっぱりと「解憂」になるかどうかということだ。

まず弁護士事務所は、他人の事件をただで引き受けるところではなく（例外はあるが、あくまでも稀である）、解憂所としては有料である。匂いの漂う人間のことを扱う点は、済州島の解憂所と同じだが、無料使用できない点が異なる（もちろんただの法律相談はある）。もし解憂所の利用にたくさんの金が要るのなら、貧しい人たちの気がかりはどこで晴らしたらいいのかと案じられる。

次に、弁護士は解憂所の役目をきちんと果たしているだろうか。「弁護士を買ってもあまり効き目はない」と泣き言をいう人が多い。だからといって弁護士を売りに出したことはないが、今日の司法風土を冷徹に検証してみれば、裁判所や弁護士事務所に「解憂所」なる看板を掲げるのはちょっと気恥ずかしい。

すべからく判事、検事、弁護士たちよ。これから耽羅島《タムラソム》［済州島の別名］に行く機会があったら、かならず「オリジナル」解憂所を訪ねて、その完璧な解憂作用を自ら体験しつつ、法曹人の解憂責任について再吟味してみよう。

済州島について、第二に思い出されるところは秋史《チュサ》記念展示館である。ここには「歳寒図《セハンド》」をはじめとする金正喜《キムチョンヒ》［朝鮮朝後期の学者・書道家、秋史は雅号］先生のいくつかの作品が展示されている。けれども残念なことに、すべて影印本だったり拓本にすぎなかったりする。

先生が配流生活をしていたときに住んだ家だといって、数年前に想像でつくった藁葺きの家があるだけで遺品はひとつもない。だから物足りなさを感じながら後にしてきたが、展示館の前に立っている案内板を読んでいるうちに不思議な記述を発見した。

秋史が済州島で九年間も配流暮らしをした後に、国王の恩赦で釈放され都に帰って行ったというくだりを「放送《パンソン》した」と書いているのである。

実はそのとき私は放送委員会主催の行事に、放送委員の資格で島にきていたので、いっそう興味がわいた。閉じこめて置いた者を釈放し送り返すのが「放送」なら、私のような者（弁護士）は放送委員になる前からすでに「放送」委員だったわけだ。

しかし、ここでも自責の念を消すことはできなかった。私は無念にも捕らえられた者を果たしてどれほど「放送」しただろうか。そしてきちんと放送されない誤った司法状況をただしていくために、何をしたのかという問いにぶち当たってしまったのである。

要するに解憂も放送もきちんとできない私には、わざわざ「海外」（?）「済州島のこと」にまで出かけて発見した珍しい言葉も、苦々しい苛責の触媒になってしまった。

（『タリ』一九八九・一〇）

6 愚問賢答

作家・南廷賢《ナムヂョンヒョン》氏の小説「糞地《ブンジ》」筆禍事件（一九六五年）公判のときに、李御寧《イオニヨン》教授が名証言をしてくれた。「この小説は反米的か、北朝鮮の主張に同調した作品なのか？」という弁護人の質問に対して、証人は次のように答えた。

「それは月を指しているのに、月を見ないで指だけを見るようなものだ。バラの根はバラの花を咲かせるためにある。愛用するパイプをつくるために、パラの根を使ったからといって、バラの根がパイプのために育ったとはいわない」

続いて検事と証人との間で、こんな問答がやり取りされた。

「私はこの小説を読んで驚いたのだが、主人公を容共的とは思わないのか」

「私は驚きはしなかった。屏風に描かれている虎を本当の虎と思う人なら驚くかもしれないが、それを描かれたものと知っている人なら驚きはしない」

すると検事いわく「証人は反共意識が弱くて、そんな証言をするのではないか」。

東ベルリン事件（一九六七年）のときには、在仏画家・李応魯《イウンノ》画伯が国家保安法違反の嫌疑で法廷に引っ張られた。北韓にいる息子の消息を知ろうと、東ベルリンに出かけて北韓の外交官と会ったのが問題となったのである。

一審の求刑は無期懲役、判決は懲役五年だった。求刑に比べると短くなったので、周囲は私の弁論を褒めそやした。私は話にならないと不満を表した。そして控訴審でこのように主張した。

「年齢が七〇歳にもなる老人に、無期懲役も懲役五年も同じようなものではないか。一審判決は検事の求刑量に劣らず重刑といわざるを得ない」

控訴審判決では、一審判決から二年を減じて懲役三年が言い渡された。

いわゆる「民衆教育」誌事件（一九八五年）でも、珍問珍答が脚本なしにくり広げられた。実践文学社が出した『民衆教育』に収められた二編の文章が、容共的との理由で執筆者と主幹が拘束されたのだ。公判初日に、検事が被告人にたずねた。

「被告人は北韓共産集団が、対南赤化統一を目標にする反国家団体だという事実を知っているだろう」

この種の質問に対しては「容共」という公訴事実を強く否認する被告人も、ほとんどは「はい」と答えるものだが、この被告人は意外にも「知りません」とはっきりいうではないか。検事は当惑の表情で「なんだって、北傀の対南赤化戦略も知らないのか！」と声を荒げた。

被告人もひるまなかった。「北韓の新聞を読むことも放送を聴くことも許されていないのに、どうして北韓の対南戦略がわかるものですか」

すると検事は少しオクターブを落として、「具体的なことまでは知らなくても、おおよそのことは知っているのではないか」。

検事の執拗な追及が煩わしくなったのか、被告人は「大体のところは知っています」と答えた。検事はついに言葉尻を捕らえたといわんばかりに、「何も知らないといった者が、大体のところの対南戦略はどうして知ったのか」と再度たたみかけた。

被告人はしばらく躊躇してからいった。

「予備役訓練に行って教わりました」（法廷内爆笑）。

（『本と人生』二〇〇四・四）

7　正札制判決

朴正熙大統領は維新憲法反対運動の鎮圧をすべく大統領緊急措置第一号を宣布した（一九七四年一月）。維新憲法の改憲署名をしただけでも、最高一五年の懲役に処するという法律ならぬ大統領命令だった。

事件番号第一号事件として、張俊河《チャンジュナ》・白基琓《ペクキワン》のお二人が被告人として軍法会議の法廷に立った。弁護人の私は白基琓先生にたずねた。

「このたび中央情報部に連行されて調査を受けたとき、ポケットから五千ウォンが出てきたというのですが、そうですか?」

「はい、五千ウォンがはいっていました」

「捕まるときまで改憲運動を主導していたから、かなりの資金が必要だったのでは……」

「民主主義と統一を熱望する民衆の意志が私たちの資金で力だったのです」

ところが張俊河先生のポケットからは、煙草代にもならない一八〇ウォンが出ただけだった。私は涙がこみ上げてきた。

非常普通軍法会議で懲役一五年が求刑されると、翌日には間違いなしに懲役一五年が言い渡された。緊急措置（第一号、第四号、第九号）違反事件はみなそんなふうだった。

「大韓民国の〝正札制〟は、デパートではなしに軍法会議で最初に確立された」。私は毒舌を浴びせかけた。求刑の年数から一日たりとも減らさない判決を当てこする言葉を吐いたので、胸のなかが少しすっきりした。

朴正熙政権は大統領緊急措置第一号だけでは不足だったのか、反維新闘争をする青年学生勢力を粉砕しようと、大統領緊急措置第四号を公布（一九七四年四月）し、さらに「民青学連事件」をでっち上げ大量検挙に乗り出した。

中央情報部（ＫＣＩＡ、現、国家情報院の前身）の調査を受けた被疑者だけで一二〇四名にもなり、そのうち二五三名が軍検察に送致され、一八〇名が起訴された。

軍法会議の法廷では被告人らしくなく壇の下から強い逆襲がなされ、朴政権糾弾と裁判部に対する抗議が相次いだ後に、被告人たちが全員起立し愛国歌をうたう名場面もあった。当惑した審判部は被告人全員を退場させた。そして弁護人席の私に弁論をせよといった。私は誰もいない法廷の椅子のほうを眺めながら、席から立ち上がった。

「本弁護人は被告人を弁護するために出廷したものであって、あのように空いた椅子を弁護しにやってきたのではない。愛国的な青年・学生たちをふたたび入廷させなければ、弁論は決して行わない」


（『本と人生』二〇〇四・四）

8　検事に対する求刑

富川《プチョン》警察署・文貴童《ムンクウィドン》警長の権仁淑《クォンインスク》さんに対する性拷問事件（一九八六年）は、全斗煥独裁政権時代に発生した象徴的な蛮行だった。

ところが検察は文警長を拘束・起訴するどころか、警察官として大きな功労があったという理由で、起訴猶予処分にしてしまった。全国各地で糾弾大会が開かれたのは当然のことだった。そのうちソウル明洞聖堂《ミョンドンソンダン》で挙行された民統連（民主主義と民族統一のための国民連合）主催の糾弾大会を主導した呉大泳《オデヨン》氏が拘束された。性拷問をした者は自宅の茶の間でのんびりしていて、それを糾弾した者を監獄に閉じこめるコメディーが展開されたのだ。

そのときは時局事件の被告人たちの裁判拒否が流行って（?）いた。私は呉氏に裁判を拒否せずに、堂々と法廷に出て自分の考えを述べるようにと説得し、彼もそれに応じてくれた。

ところが公判も終わりに近づいたころ、検事は懲役四年を求刑するではないか。平穏な小規模の性拷問糾弾大会だったのに、誰が見ても不当な求刑だった。

最終陳述の順番になると、被告人席から立ち上がった呉氏の口からこんな言葉が飛び出した。

「検察官は私に懲役四年を求刑した。どう考えても検事の精神状態は正常とはいえないようだ。したがって本被告人は、検事に対して精神病院入院四ヶ月を求刑するものである」

じつに奇想天外の一撃だった。

翌日、昼食時間に裁判所の前で、ソウル地検のC公安部長や検事たちと出会った。たまたま公安部長は高校の後輩でもあったので、ひと言いってやった。

「おい、性拷問糾弾をしたのを懲役四年なら、これは告示価格違反だぞ、やるヤツもあんまりだぞ。実刑だけは食わしてやれ！」

するとC部長いわく「いくらそうだとしても、世の中に被告人が検事に求刑した例がどこにありますか」。

（『本と人生』二〇〇四・四）

9　あの世にも南北分断

私は朴正熙政権の維新統治のころ、思いがけず反共法違反で拘束された。表面的には筆禍事件だったが、ほんとうは報復であり弾圧だった。その当時、私は金大中先生に対する選挙違反事件、李丙璘《イビョンリン》弁護士（元大韓弁護士協会会長）拘束事件などの弁護を受け持つほかに、詩人金芝河《キムジハ》の国家保安法違反事件の弁護人選任届を出したのが災いのもととなった。

最初に（李丙璘弁護士拘束背景暴露事件で）引っ張られた日が一九七五年一月二一日、二度目が三月二一日、その後、中央情報部の地下室からソウル拘置所に運ばれる途中、ソウル市庁の建物の時計は三時二一分を指していた。拘置所でつけてくれた囚人番号も二一一だったので、「二一」は私にとって悪縁の象徴となった。

私のために一二九名に達する空前の大弁護人団が構成された。検察は服役中のスパイ、越南転向者、対共心理戦要員、公安機関職員らを証人に仕立てて、私の文章の「容共性」を言い張った。

そのうちのひとりは、私の問題となった文章（「ある弔辞」）の最後にある「あなたの願いがせめて冥府の空の下で果たされることを祈る」という部分が、「あの世に行っても、赤化統一の夢が成し遂げられることを望むという意味である」と証言した。

すると弁護人側がこう反問した。

「すると、あの世でも南北が分断され、北側では共産党が政権を握っているのか」

私は有罪判決が確定し弁護士資格すらも剥奪された。八年間も……。

したがって審判官席（軍法務官時代）、検察官席、弁護人席、被告人席、傍聴人席までと巡礼を重ねたわけだ。その後一九八〇年春、いわゆる金大中内乱陰謀事件に助演級でスカウトされ、私はもういちど獄苦を味わった。監獄だけでもソウル拘置所に「再修」してから、陸軍刑務所をへて五〇代に近い年齢で金泉《キムチョン》少年刑務所にまで流れていった。韓国には四種類の刑務所があるが、そのうちの三つをあまねく体験したことになる。ただ清州《チンジュ》の女子刑務所だけは行ってみることができなかった。そこに行くのは神様の所管事項で、私の力ではどうにもできないからである。

（『本と人生』二〇〇四・四）

10 花札あそび

朴大統領による維新宣布の直前だったから一九七二年のことだったか。

A市を訪ねたついでに、裁判所や検察庁に勤めている高試［高等考試司法科］同期生たちに会った。学校の同期生の次に、気兼ねがいらず親しいのが彼らなので、久しぶりに話をし夕食をともにしようと料理屋に席を移した。

食事が出る前に彼らは花札《ファトゥ》をはじめた。おそらくそれは確立された慣例みたいに、部屋の片隅には花札と毛布が待機していた。最近は花札が国技の地位に上がるほど、時と場所を問わず国民総和で盛んになっているが、そのときもその「東洋画」（？）は、身分と理念を超えてひどく愛用されたのだった。

勝負が盛り上がってくると、夕食を食べにきたのも忘れて熱中し、「一時的娯楽の程度」を超えてしまったみたいだった。

とそのときノックと同時に、ひとりの私服警察官が恐る恐る顔をのぞかせた。A市からかなり離れた郡庁所在地の警察署から拘束令状を申請しにやってきたのだった。令状を担当した検事や判事の退庁後は、家や会合の場所にまできて、書類を差し出し署名をもらうことがあるのだ。

その日の令状担当であるK検事はドアの方に向きをかえ、左手に花札を持ったまま、書類にしばらく見入ると、やおら判を取りだしぐいと押すのだった。令状の罪名はよりによって「常習賭博および暴行」だった。花札の場で争いが起こったらしかった。

花札を打っていた検事が、花札の場で争った人間を捕まえる令状に署名・捺印するとは、まったくマンガみたいな話だった。

「おい、きみ！　まったく厚かましいもんだな。こんなことってあるかい」

「なんだって、賭博常習で暴行までしたんだから、令状の棄却はできないじゃないか」

「いや、俺はきみが令状に署名したのを咎めているんじゃなく、左手に花札を持ったままで署名したのはあんまりだといったんだ」

賄賂をもらった公務員を取り調べた捜査官が、その容疑者から賄賂をもらったという嫌疑で逮捕されたことがあった。不法連行、脅迫、拷問、苛酷行為、虚偽自白の強要、証拠捏造など……違法な行為をして裁判に引き渡し、「法秩序の確立のために厳重処分」とかいう世の中でもある。自由民主主義を破壊した執権者が、言葉の節々に自由民主主義の擁護を言い立てる。他人が使っている都合のいい言葉を、自分勝手に使用するのも著作権法違反になると知るべきだ。賭博犯の拘束令状に署名するときには、手に握っていた花札ぐらいはしばし下に置かねばなるまい。

（『タリ』一九八九・一一）

11 民青学連事件

「これまで弁護した事件のうち最も記憶に残っている事件はどれですか?」

マスコミのインタビューなどで、よくこうした質問をうける。

長い間、私は主に政治的弾圧事件や良心囚事件を弁護してきたので、すべてが記憶に残る事件である。それでもひとつということになれば、一九七四年のいわゆる「民青学連事件《ミンチョンハクリョンサクオン》」を挙げることになるだろう。

一九七四年のはじめ、朴正熙大統領は一人独裁維新体制に反対する勢力を処罰するために、「大統領緊急措置第一号」なるものを宣布し（一月八日）、維新憲法改正運動を阻止しようとした。だがそれも思い通りにならなくなると、ふたたび緊急措置第四号を宣布し（四月三日）、維新反対勢力である大勢の青年学生を検挙した。

非常普通軍法会議の検察部に送致された者は二五三名、うち一八〇名が起訴されているから、その規模は十分に推測できよう。もちろんいくつかの事件に分けて起訴したのであるが、法廷ごとに裁判部と被告人の間で、激烈な論争がくり広げられ騒ぎが反復された。とうとう誰が音頭をとったのかはわかならいが愛国歌が響き渡った。すると審判部は被告人全員に退場命令をくだした。

被告人席が空になり、主のいない椅子だけが残った。

すると裁判長がいった。

「弁護人、弁論をしなさい」

私はこれに応じなかった。

「このままでは弁論をすることができません。私は被告人として縛られている青年学生たちを弁護にきたのであって、法廷の空の椅子を弁護しにきたのではありません。まず被告人たちを入廷させてください」

裁判部はどうすることもできず、ふたたび被告人たちを入廷させ、裁判という要式行為の順序を踏んだ。壇上の軍人がたずねる。

「どうして学生の本分を放置し勉強をしないで維新反対運動をしているのか?」

すると学生たちが逆襲をした。

「なぜ軍人が国土防衛の神聖な義務を放置して、ここにきているのか?」

学園と宗教界グループ三四名のうち、死刑七名、無期懲役七名を除いた刑期を合算すると二四〇年にもなり、緊急措置第一号・第四号違反者のうち、死刑、無期を除き懲役刑になった二〇三名のすべての刑期の合計は二〇〇〇年を超えるまでになった。

そして求刑どおりに判決がぞろぞろとくだされたので、私は法廷でひと言応酬した。

「これじゃまるで〝正札判決〟です。求刑どおりに刑が宣告されるからです。大韓民国の正札制はデパートの商術ではなしに、三角地《サムガクチ》〔ソウルの地名〕の軍法会議で確立されたと記録されるでしょう」

「自販機判決」という言葉もそこから出た。

（『本と人生』二〇〇二・二）

12 誤判保険

どんなに保険商品の開発が多様化しているといっても、「誤判保険《オパンポホム》」はまだ馴染みが薄い。いまアメリカの判事らのあいだでは、誤判保険に対する関心が高まっている（という）。すでに州裁判所の判事三千人あまりと、連邦裁判所の判事三〇〇名が誤判保険に加入したという。彼らは誤判を理由とする損害賠償請求訴訟に備えて、このような業務上の過失保険に加入するようになったのだ。

アメリカでは判事の公正でない裁判の進行や、誤った判断で被害を受けた者が、担当判事を相手に損害賠償請求訴訟を提起する例が増えているという。それは連邦裁判所が判事の過失責任を認め、巨額の損害を賠償せよとの判決をくだしているからだ。

とうとう判事たちは、保険による自己救済を図らねばならなくなってしまった。ナショナル、ユニオンなどの保険会社が業務上過失の保険を開発すると、判事たちは個別的に、あるいは州政府の予算によって団体でこれに加入するようになった。

司法権の独立と公正な裁判で知られるアメリカで、それほどまでになったのはまったく驚くべきことだ。これに比べれば韓国の裁判官たちはじつに幸福である。誤判による損害賠償請求事件の被告になる恐れはまったくない。裁判も人間の判断なのだから誤判もありうるという話をすると、それは損害賠償責任の自認ではなく、むしろ裁判官の謙遜として高く評価される。

誤判の余地があるので、法的にも不服上訴制度があるのではないかと反論すればそれまでだ。この判決に不服ならば、一週間以内に控訴（または上告）できると知らせてやれば足りる。

しかし、司法権の独立という名分を盾にして、すべての裁判官が誤判を歴史と世論（国民の監視）から遮断することはできない。否、裁判官自身の良心にも反する裁判が、ただ裁判という名のもとに神聖視されてはならない。

刑事事件、とりわけ時局事件の裁判で、この国の司法府は不公正な裁判や誤判という批判を数え切れないほど受けてきた。にもかかわらず司法権の独立という盾を掲げて誰一人責任を負った例はない。

もしアメリカのように、わが国でも誤判に対する賠償責任が裁判官の個人的賠償責任ということになれば、おそらく裁判の進行と結論はかなり違ったものになるだろう。

ただ、誤判裁判は裁判官の過失による誤判のみに適用されるのでなく、歴代政権のもとでの裁判官の故意（未必の故意を含む）による誤判も保険の対象になる。こうした場合には、裁判官個人が直接賠償金を支払うのが正しいとの見解もでている。

わが国の保険市場が、アメリカの圧力で開放されるようになれば、いつの日かアメリカの誤判保険が、韓半島にも進出する日が来るのではないかとも考えられる。

（『タリ』一九八九・一〇）

13　本分論争

一九七四年が明けるとともに「大統領緊急措置第一号」が公布された。維新憲法に反対したり、改憲署名運動をする者には懲役一五年までを科すという思いがけない措置だった。その後も、朴正煕大統領の鉄拳統治は引きつづき強化され、緊急措置第四号、第九号が相次いで公布された。

緊急措置に反対する者すらも緊急措置違反で逮捕するほど、徹底した仕掛けだった。それにもかかわらず各界の人びとの抵抗はとても激しかった。維新憲法撤廃と緊急措置無効の叫びが、それこそ天を突かんばかりの勢いを示していた。

その頃、国民学校［いまの小学校］、中学校、高等学校では、授業時間中に「緊急措置合憲論」の宣伝活動が大々的に展開された。

「大統領緊急措置は、国民絶対多数の支持で通過した維新憲法の第何条に基づいた合憲的な措置で、国家の安全のために……」というふうに、先生方は説明をした。

教室の後ろの席でこの話を聞いていた生徒がつぶやいた。

「緊急措置はいいことらしいけど、あんまり早く使われちゃった」

授業時間が終わって先生が教室を出ていくとき、別の生徒が声を張り上げた。

「先生、ご苦労さまでした。さようなら。今日はお見送りをしません」

その緊急措置第一号違反事件で、法廷に引っ張られてきたのは、維新憲法反対の先頭に立っていた在野の人びと、牧師、伝道師などだった。

ソウル三角地の丘にある非常軍法会議法廷では、連日、壇の上と下で激しい攻防がくり広げられていた。肩にぴかぴか光る星をつけた裁判長が質問ならぬ質問を投げかけた。

「北傀が休戦ライン一帯で虎視眈眈と南侵を狙っているいま……」、その瞬間、被告人（牧師）の叱責がバネのように飛んでいった。

「そのように南侵の危険があるなら、なぜ軍人たちは後方にいてこんな裁判をしているのか。直ちに休戦ラインに出かけて国防をしっかりやりなさい」

審判官席の誰もが口を閉ざし、当惑した表情を隠せなかった。

緊急措置第四号違反とされた民青学連事件の裁判でも、審判官（現役将校）が「本分論」を掲げて学生たちを訓戒しようとした。

「学生はあくまでも学業に専念するのが本分であるにもかかわらず、政治問題に首を突っ込み、社会を混乱させるのは間違っていると思わないか」

すると壇の下の被告人（学生）が逆襲した。

「軍人の本分はあくまでも国防に専念することにあるのではないか。にもかかわらずクーデターを引き起こし、武力で政権を奪い取り、国民を弾圧しているが、これは軍人の本分なのか」

（『タリ』一九九〇・二）

14 続傍観罪

一九六七年の夏、『東亜日報《トンアイルボ》』のコラムに「傍観罪」という題の文章を書いた。圧政と不義の前で「聴而不聞《チョンイムルムン》」「見而不視《キョンイブルシ》」が「上品に」美化されてはならないと指摘し、ともすればヒューマニズムやアンガージュマンとかの言葉をすぐに借用したがる知識人の二律背反的行動を当てこすった内容だった。当然憤怒しなければならないときに見物をしている者は、いうならば傍観罪の責任を負わねばならないと文章をむすんだ。

これが新聞に出てから数日過ぎて、ある老人が事務室に訪ねてきた。

全州からやってきたこの六〇代の訪問客は、自分も『東亜日報』に掲載された「傍観罪」を読んで、私に一度会いたくてやってきたという。そしてご丁寧なことに世論世評の二番煎じをくり広げ、私の忙しい時間を浸食（?）するばかりか、内ポケットから分厚い書類の束を取り出すではないか。（やはりそうだ!）ついに彼は覆面を脱いだ。全州にいる判・検事と裁判所の書記を相手に告訴したのだが、嫌疑なしとの決定が出たので、こうしたでたらめな処分を覆すように戦ってくれというのだった。

Kというこの老人が背任事件で裁判を受けるようになってから事態ははじまった。法廷で何かちょっと言おうとすると、判事や検事は口を揃えて訊ねられたことだけを答えるようにといい、話の糸口を折られてしまった。最終陳述のときに納得できない状態を晴らそうとしたのだが、それすらも制止されてしまった。

後に公判調書を読んでみると、法廷で自分のいったことさえも満足に記録されず、ほとんどみな省かれていたというのである。心ゆくまで弁明する機会すらも与えられない裁判、そんな制約の中で辛うじてぶちまけた自己防御の陳述すらも、きちんと調書に書かれていない裁判。老人は鬱憤を抑えられない様子だった。いうこともできず聴いてもくれなかったのだから、権利行使妨害・職務遺棄であり、実際にいったとおりにきちんと記載しないのは、虚偽公文書作成、同行使で、やはり職務遺棄に当たるのではないかというのである。

それであえて判・検事を相手に告訴したのだが、担当検事はうやむやに終始して不満は晴れない。そこで人権相談所や弁護士事務所などを何度も訪ねてみたが、みんなぐずぐず回避ばかりしているので、私に事件を依頼し権力の横暴と戦ってほしいというのだった。被告人に対する不当な発言封鎖、壇上の神経質や怒号、調書記載の不備、――これらはその老人だけが身に感じている不満ではない。その害毒がどれほどかを推測するのは難しいことではない。ところがそれを知りながらも、どうしても正面から食ってかかることはできずに、後ろ向きに不満を述べ立てているのだ。

考えがここまでに及んでみると、その老人のアマチュア擬律〔法的な判断〕が、決して荒唐無稽な言い分ではないように思われた。それでも私は老人が期待したほどの鼓舞的な反応を示すことはできなかった。気抜けした現実論でむしろ彼を説得しようとしたら、その老人は席を空けながらいわく「弁護士もその点では判事や検事といとこ関係だから仕方ないな。けれども〝傍観罪〟を主張した人はちょっと違うと思ったんだが……」。

（『法曹時報』一九七〇・一一・三〇）

15 名判決のなかの嘘

その昔、ローマ帝国時代に、ある女性が足の指が六本の赤ん坊を産んだ。世間体もあり、子どもの将来を案じもした彼女は、とうとうその子を河に投げ捨ててしまった。この非情な母親は殺人罪で裁判にかけられた。

裁判官はこの女性の立場に一方ならず同情をしていた。けれども殺人者は死刑に処するとの当時の法律を破ることまではできないので、苦心を重ねたすえに奇抜な智謀をこらした。

「ローマの法律は人を殺した者には死刑を科することになっている。しかし、足の指が六本あるのは怪物であって人間ではない。したがって人間ならぬ怪物を殺したのであって、被告人の行為は殺人罪を構成しない」

このように無罪判決がくだると、世の人びとはその賢明な判断に喝采を送った。

けれども問いつめてみると、この判決は被告人への同情から出た詭弁にすぎず、正しい判断といえないのは再言を要しない。「六本の指」は人間ではないとの前提に立った嘘が潜んでいるからだ。

シェイクスピアの「ヴェニスの商人」にも、そのような例を見出すことができる。

高利金貸し業者のシャイロックが、証文の約束どおりアントニオの肉一ポンドを切り取ろうとすると、「しばらく待て！　証書には血を流してもよいとの言葉はない。だからキリスト教徒の血をただの一滴たりとも流させてはならない。もしも……」云々。

この見事な裁定に誰もがいつも喝采を惜しまない。けれどもこの「名判決」も、それ自体としてはこじつけでなければ詐術なのだった。肉を切り取るとすれば（そんな契約が有効だとしたら）それによる流血も当然に認めねばならないからだ。

つまりここに引用したふたつの例に共通するのは、裁判官がまず判決の主文（結論）を定めておき、その自己の主見に見合うもっともらしい理由を「創作」したという点だ。

たとえ被告の利益のために発揮した知恵であり、慈悲であるにしても、その独断や先入見の過誤が当然視されてはならない。まして被告に不利な方向に裁判官の恣意や主観が作用するならば、これらの例よりももっと嘆かわしいといわざるを得ない。ときどき時事性の濃い事件などで、「理由に窮した理由」が判決の名に扮装して現れるたびに、私は逆説的な意味でここで挙げたエピソードを思い浮かべる。

司法権の独立とか、裁判官の自由心証とかの名分だけで覆い隠すには、あまりに深刻な誤り――これを警戒し自責する良識こそ民主司法の初章であり、終章だと信じる。

（『大韓日報』一九六八・一〇・八）

16 裁判ドラマ

数年前『中央日報《チュンアンイルボ》』の新春文芸公募で選ばれた戯曲のなかに裁判の場面がはいっていた。ところがそこで裁判長が被告人たちを呼び上げるときに「第一被疑者なにがし」「第二被疑者なにがし」とやっていた。作品のなかの裁判の描写が現実の法律手続や用語をそのまま再現しなければならないわけではないが、それでも被告人と被疑者の区別さえも混同しているのは困る。新春文芸に応募した新人の作品だからそうなのだ、と理解しなければならないのだろうが、いわゆる既成作家の場合でも大同小異であったりする。

カフカのように法学博士になったり、ドストエフスキーのように死刑囚生活を体験する必要まではない。スタンダールのように弁護士の息子として生まれ、ナポレオン法典を熱心に読まねばならないという話でもない。ただ作家としての最少限の見識だけは身につけて作品を書いていただきたいという意味である。

法律や裁判という言葉だけ出てきても、退屈で頭が痛くて気乗りしないためか、あるいはよく知らない分野なのでそうなってしまうのか、わが国に正面から裁判の世界を扱った作品はほとんど見当たらない。作品のなかに裁判を導入すれば、その迫真感や劇的効果において、すばらしい成果を挙げられると誰もが認めるだろう。だからそれが良い方式とは知りながらも、手を出せないところをみると惜しまれてならない。世界の名作に裁判や刑罰問題などを実感をこめて扱った作品が多いのは偶然ではない。

もちろん、わが国でもそうした試みが皆無というわけではない。いち早く作家・金東仁《キムドンイン》は「弱き者の悲しみ」（一九一九年）という小説をもって、すでに一九二〇年代以前に裁判問題を作品化している。

私の経験でも、小説・ドラマ、またはシナリオを書く作家から作品執筆に必要な法律知識について質問を受けたことが何度かあったが、そのたびに彼らの誠実さと熱意に感動させられた。

近頃は文学者たちも裁判に対してかなり関心を持ち始めたようだ。関心がある程度ではなく、自ら法廷に出向く人も多いようだし、最初から被告や証人の席を体験した人も少なくない。

こうした現象は文学者の周辺にまで、不幸な出来事が頻繁に押し寄せるようになったという意味では遺憾なことであるが、裁判のようなものはよく知らないと、自慢げに語るのが常だった文学者にとっては、むしろ幸い（?）な契機だったともいえる。たんなる観念の遊戯のレベルから脱皮し、現実への臨場感を高めることができる点でそうなのだ。

しばしば朝鮮戦争という苛酷な体験をめぐって戦争文学が論じられたように、民族や個人の試練が濃縮された各種の裁判も、文学という器に容れて昇華させねばならない。それにはさまざまな困難がともなうが、まさにその困難と対決することこそが、現実のなかで呼吸する作家の責務でもあるのだ。

監獄暮らしを素材とした獄中文学は、早くから春園《チュンウォン》・李光洙《イグアンス》の「無明《ムミョン》」以降にも少なからず出ており、最近はかなり目につくようになった。これは不幸な体験によって得られた幸せな結果といえよう。このように過去の関心や体験を生かした新境地の裁判文学（?）の出現を期待するのは、私がとくに法学徒の身だからそうなのかもしれない。

文学が習慣化された分野だけにとどまっていたら安逸に流れやすい。いくらかの冒険を覚悟しながらも、新たな領域と空間に飛び込む模索が必要だ。法律と裁判の世界こそ適地のひとつなのである。これはたんなる素材の問題にとどまらない、また別の意味をともなうのである。

（一九七七・一一）

第三章　闇のなかで

1 〝可憐洞〟の人

ソウル市庁《シチョン》前《アプ》の地下道入口や鍾路《チョンノ》二街《イガ》など、人通りの多いところを往来した経験のある人なら知っているだろう。地下道の階段や道路に陣取った中年女性が通行人に名刺くらいの大きさのチラシを配っている。「即時貸付」などと印刷された融資案内のビラである。通り過ぎながらくれるものを受け取っているとひとつかみほどになる。まさに金の遍在を知らされる。

その日も友人とともに北倉洞《ブクチャンドン》へ昼食を食べに行こうとして、例の金融のビラを配っている女性たちの密林を通り抜けて足を運んだ。ところが不思議なことに友人にばかりビラを渡すではないか。

「金のない人間だとわかってきみにだけくれるのだろう!」

「いや、ちがう。きみは担保もないとみえるから、渡さないんだよ」

けっきょく私の判定負けで終わったが、別の日には私にもビラをくれるところをみれば、たとえ金はなくとも担保はあると見えるらしい。

よく飲食店のレジの前で「お前に金があるというのか!」といいながら、私の身体を押しのける者がいる。すると私も押し出されながらひと言いう。

「金はないけれど小切手ならあるんだが……」

私の無能力を無欲と誤解するあまり、私の立場を美化する方々もいる。そんな美化発言の前で、もし黙りこくっていると、ほんとうの偽善者になってしまうので、必ずひと言を申し述べるようにしている。

「どういたしまして。ご承知のとおり私は金をとても愛しているのですが、金というヤツが私を愛してくれないだけなんです」

金在俊牧師の話されたことだが、アメリカの人たちはGod（神様）を愛するといいながら、「L」の字をひとつ付け加えてGold（黄金）だけを愛しているのだという。それは金がたくさんあれば（巨額の現金によって）神様を愛することができるからかもしれない。

独裁政権によって弁護士資格を剥奪され、七、八年間の失業者生活をしたときには、経済的にあれこれと苦労を味わったのは事実である。そのころ、総合病院で名医ならぬ占い師に出会ったこともあった。

診察券の発行窓口で女性職員が私の住所をたずねるので、カリョン（葛峴）洞〇〇番地と答えた。すると私が受け取った診察券には、発音は同じだが書かれた漢字は違って「可憐洞」〔可憐＝頼りなさそうな感じ〕となっているではないか。私がとても可憐な失業者にみえたから、そのように正確に言い当ててくれたのかと感嘆させられた。

誰かが、法曹人という職業は「免飢難富《ミョンキナンプ》」〔飢えは免れるが富は築けない〕といったことがある。しかし友人の夫人がやってきて保険加入を勧誘されたとき、そして失望を隠しつつ帰っていく彼女を見送りながら私は痛切に思った。

「免飢」に自足することこそ、どんなに利己的な精神の遊びであり、どんなに他人に対して残酷なものであるかということを……。

（『タリ』一九八九・一二）

2　封筒

入院しているH兄のお見舞いに行こうとK兄と約束をしたが、偶然にも同じ病院の霊安室に弔問に行かねばならなくなり、お見舞いと弔問を兼ねることになった。

私たちはまずH兄の病室を訪ねた。彼は手術の経過がとてもよく、予定日前に退院するだろうといった。

お見舞いを終えると、K兄はH兄の夫人に一通の封筒を渡した。もちろん快癒を願ってのことだろうと思いながら病室を後にした。ややあってK兄は急にきびすを返すと、まだ夫人の手のなかにある封筒を奪い取るように回収（?）し、別の封筒を押しつけほうほうの体で戻ってきた。じつに珍しいハプニングだった［韓国ではお見舞い、香典などのときは普通の封筒を用いる］。病院のエレベーターのドアが閉まると、私は笑いながらたずねた。

「封筒を間違えたようだね」

「うん、大変なことが起きるところだった。入院患者の家族に香典の封筒を渡したんだから、とても失礼なことじゃないか。瞬間的におかしいと思って急いで戻って、封筒を取り替えたからよかったけれど、ほんとにヒヤッとしたよ」

間違いを気付かずに霊安室に行き、こんどは遺族に「祈快癒」と書いた封筒を差し出したりすれば、これもまた「たいへん失礼な事件」になったかもしれない。

お見舞いに行って香典を差し出し、遺族には快癒を祈る封筒を渡しそうになったのだから、冷や冷やものの交換をしなかったら、こん棒で殴られるような不始末をしでかすところだった。

「さっきの封筒事件をなにかに書きたいんだけれど」

「まったく。書いてもいいけど俺の名前だけは書かないでくれよ。昔のことだけど、別のエピソードをひとつ話してやろうか」

「また、どんなことをやったんだい」

「人にはいうなよ。結婚式場に行って封筒を渡してきたんだが、帰ってきてポケットに手を突っ込んでみると、なんとお祝いの封筒がそのままあるじゃないか。お祝いの封筒だと思って履歴書のはいった封筒を渡してきてしまったんだ」

患者に酸素吸入するつもりだったのに、チューブが窒素ボンベに間違って連結され、患者が亡くなった事件があった。

封筒や酸素だけのことだろうか。国の経営にもそうしたとんでもない錯誤や失策がいくらでもある。それによる被害者は一個人の体面や損失にとどまらない点が異なるだけだ。

今朝（一九九〇年五月七日）、盧泰愚大統領の時局特別談話を聴いて、ふと封筒と酸素ボンベの取り違え事件のことが思い出されたのである。

（『タリ』一九九〇・六）

3　人権領置

いま季節は冬なのに世の中は夏の盛りよりもっと暑い。だが、この熱気と変化をもたらすために大きな役割を果たした人たちが、いまだに監獄の中に残っている事実をわれわれは忘れてはならない。

監獄の冬はとても寒い。人権週間のある一二月にはいっそう心が痛む。私は監獄で二度の冬を経験し、人権の死角地帯になっている現代における野蛮を体験した。

まず、監房の施設からして問題だった。やっと手のひらが入るほどの通風口しかなく、終日、日の光を見ることすらもかなわなかった。陸軍刑務所では完全に真っ暗な部屋で過ごした。窓はいうまでもなく針の穴の透間もなく見事に密閉された空間だった。金泉少年刑務所の接見場は、曇ったプラスチックと金網で囲ってあり、電灯も薄暗くて面会者と「接」も「見」もままならない所だった。

民間人なのに陸軍刑務所生活を強要されたのも異例だったが、四〇歳代後半の中年男を、どうして少年刑務所に移監させたのか、いまだに謎として残っている。私が少年みたいに天真爛漫という事実を国も認めたからなのか。

人はどうなっても事故だけ防げばいい、という思考が大きな害毒をもたらす。ある刑務所で将棋をさせたところ、駒を投げあう争いが起こったので、全国すべての刑務所にある（木製の）将棋の駒をすべて回収してしまった。パジャマで首を吊った自殺未遂事件が起こったので、ソウル拘置所内の数千名の在所者のパジャマをすべて回収し、強制領置にしたこともあった。そのとき私は拘置所の幹部にこういった。

「パジャマを取り上げて問題が解決するんですか。もっと根本的な対策を立てなければ駄目ですよ」

「パジャマで首を吊ったのだから、パジャマを領置するほかに、なにか根本的な対策があるかね」

「別の方法で首をくくることもできるじゃないですか。だから在所者の首をみんな引き抜いて領置しておけば、絶対に首吊りの事故は起こらないでしょう」

大体こんなふうな愚問賢答だったが、ともあれ監獄とは文字どおり監獄というべきところだった。

時局事件拘束者に対する差別待遇はひどいものだった。日帝が独立運動や抗日運動の闘士などの、いわゆる「要視察人物」に加えた差別的措置がいまだに残っている。「要視察」に対しては接見・書信・読書・監視など、さまざまな面での差別があり、食事や就寝状況までも監視し記録している。

貧富の差による差別も公然化している。刑務所のなかでは金を持った在所者を「ポームトル」（虎の毛）、貧しい者を「ケートル」（犬毛）という。一九七五年の冬、五年ぶりに監獄に戻ってきてみると、最下級をさす「チュイトル」（鼠毛）という言葉まであった。

要するに監獄のなかにも貧富の差による差別待遇があって、金を多く持っているかどうかで懲役暮らしの苦痛が左右されるのだった。医務課の病室に行ってみると、本物の患者ではない「ナイロン患者」がいるみたいだったが、二度目のときには「ビニール患者」という新語まで生まれていた。

人間性に反するさまざまな苦痛を与える「違法な制度」は、そのほかにもたくさんあった。既決囚だからといって僧侶みたいに頭を剃ってしまうのもそうだ。刑務官らは衛生的にも良いのではないかというが、それなら刑務所長が率先して剃ってみたらいい。頭を剃られるときの気持、鏡がないのでドラム缶防火槽の水面に、坊主頭を映して見つめるというのは、ひどくうら悲しいものなのだ。

どうかすると懲罰を科せられて後手錠のまま、懲罰房に入れられることもある。刑務官にひどく殴打されることもしばしばあった。転向書を書かないといって、差別を受け苦痛を味わされるのも広く知られているとおりだ。時局事件の場合は、釈放の条件として覚書を書けと要求された。人間の信念と良心を軽んじるやり口である。

一九八八年一二月五日に開かれたソウル弁護士会の「行刑の民主化シンポジウム」でも、刑務所の民主化が強調された。監獄暮らしの者といえども人間らしい処遇を受ける権利はある。私が経験したこうしたさまざまの反人間的な不条理は、いまは多少は改善されているかもしれないが、収監者だからといって虐待されたり軽蔑されたりしてはならない。

時局事犯に対する報復的処遇はいっそう許すことができない。じつのところは拘束の段階から弾圧の目的があると考えられるので、収監生活の〝優待忽待〟〔扱いの良し悪し〕をいう前に、一日も早く彼らを釈放させねばならない。

数日前、青瓦台から「全斗煥氏の宥恕」を訴える特別談話が出たが、そのなかに時局事犯釈放のことが、あたかも交換条件のようにはいっていた。新聞には「時局事犯全面釈放」という大きな見出しが出ていたが、「時局事犯」の概念や範囲を口実にして、選別釈放が再燃するのではないかと案じられる。特別談話の真意を考えれば、ケチくさい政治的打算はやめて、気分さっぱりと全面釈放が実現するように希望する。口惜しい思いをしている人間を釈放するよりも大きな民主化がどこにあるだろうか。

（『京郷新聞』一九八八・一二・九）

4　染みのついた本

本をさまざまな施設に送る運動が広がっているときだった。とりわけ各地の刑務所に収監されている大勢の良心囚（または時局事犯）に本を送るのは、外部にいるわれわれの義務のようにも思われた。収監中の良心囚が増えるにつれ、そして彼らの拘禁が長期化するにともない、領置用の本もたくさん必要になったからだ。

私は自分が経営する出版社（三民社）で刊行した本のほかに、個人的な縁をたどり志をともにする出版社から本を寄贈してもらい刑務所に送った。きびしい独裁のもとでも出版社の人びとは、政府に気兼ねすることなく応じてくれた。

知識産業社《チシクサノプサ》の金京熙《キムキョンヒ》社長もそのなかのひとりだった。いつだったか彼から『韓国史入門』という本を何冊かもらったことがあった。本は水に濡れたのか湿っぽく外見も少し薄黒くなっていた。

「きれいな本でなくて、このように汚れたものを差し上げて済みません。実は倉庫の浸水騒ぎで濡れてしまったんです」

「どういたしまして。水に浸かったといっても、この本に書かれている韓国の歴史がどうなるってものではありません。歴史は真実の記録といいますが、どのみち汚れた韓国の歴史なんですから、韓国史の本に汚れがついているのは、むしろ当然ではないでしょうか」

建国大学《コングックテハク》の柳一相《ユイルサン》教授には、中央大学《チュンアンテハク》の新聞放送大学院の院長室で、毎週一回、楽しくお目にかかっている。しばらく前に著書を寄贈された。『裸になった韓国言論』という評論集だった。お礼の挨拶とともに本の装幀がとても良かったというと、彼は「本の表紙が少し暗い感じがしなかったかい」というのだった。「そうですね。いまは韓国の言論自体が暗いのですから、表紙もそうなんでしょう」

歴史に染みがついているから、歴史の本に染みがつくのが当然であり、言論の状況が暗いなかにいるので、韓国言論に関する本の表紙が暗くなってしまうのだ。だから歴代軍事政権の歴史の本には、弾薬と催涙弾の匂いが染みついているし、民族分断の歴史を記録した本は嘆息と歓声の色で綴られているのである。

（『タリ』一九九〇・六）

5 接見と石鹸

これは日本でのお話である。

拘束されている被疑者が弁護人にこう訴えた。

「先生、私はこれから顔も洗えないようになったんです。今朝、刑務官がやってきて私に〝セッケン禁止〟になったといったんですが、それはなぜですか」

「接見禁止」というのを石鹸の「使用禁止」と思って心配したのだった。ところでわが自由大韓では、憲法や刑事訴訟法でどうなっていようと、拘束者との接見が固く拒否されていることが多い。時局事犯の場合には、それが何やら伝統のようになっている。

改めていうが、拘束者の接見は当局者の恩恵ではない。弁護人でない者との接見は制限されることがあるが、弁護人または弁護人になろうとする者との接見交通権行使には、いかなる留保や制限も加えることはできない。

それでも大韓民国の捜査・収容当局は、法に反してしばしば接見を拒否している。法律を守らないといって逮捕しながら、実際のところ政府は法を守っていない。暴力を厳重に処罰する権力が、自ら拷問という暴力については躊躇してはいないようだ。悪法も法といいのけながら、現にある法律は無視する。

そのうえ接見をさせよと裁判所の命令がくだったのに、政府はこれを黙殺する。それなのにどんな顔をして法治主義とか遵法精神を口に出せるのか。

捜査中なので駄目だとか、捜査が終われば会わせてやるとかいう。弁護人との接見は、拘束された者が弁護人の助けを受ける憲法上の権利として認められているのだ。そうした手助けは捜査のはじまる前や、捜査を受けるあいだの防御権行使のために必要なものなのである。「調査が終われば」とは、「(捜査段階での)防御権行使の必要がなければ……」ということのようだ。ときには検事すらも、そんな話にならないことを口に出すようになってしまった。

最近は抗議や世論に押され、やむなく接見させはするが、何々の話だけにしろとか、何かの話はしてはいけないとか条件をつけたりする。弁護人と接見する場所に検事が立ち合ったり、拘束者の答えを制止し、拘束者の口を塞いで退場させた例もあった。なぜそのようにこそこそやるのか。そうした度量の狭さは、あの悪名高い維新時代や第五共和国時代にもなかった。だから第六共和国「盧泰愚政権時代」は第五共和国よりもひどいという話を耳にする。

法務部長官は「接見を拒否したものではなく延期しただけ」と国会で答弁した。

そしてついに検察は、捜査機関が弁護人の接見権すら制限できる国家保安法の改正を画策しはじめた。無謀だが正直なその改正案は、第六共和国の曇った体面を傷つけるに十分なものだった。そうした意味で違憲論とは別に、政府に逆らう猪突行為ともいえる。それでも担当者に対する責任追及がないところをみると、その案はまさに政府側の意図を反映したものだったのかもしれない。

伊藤博文を殺害した安重根義士が、旅順監獄で家族と会っている写真を思い出してみよ。安義士の獄中遺筆が、あれほど数多く出回っていることまで考えると、こうして日帝と比較してみること自体が、どんなに恥ずかしいものであるかを知るべきだ。

使徒パウロがローマの監獄に幽閉されながら「ピリピ人への手紙」を書いた話は、はじめから伏せておくことにする。

（『タリ』一九八九・一〇）

6 意外性

世界に悪名をとどろかせたヒットラーは、若いころに何になりたかったのか。軍人になりたかったとか、政治家になろうとしたのではなかった。数百万名のユダヤ人や反対者を虐殺する殺人者になろうとはなおさら思わなかった。実際のところ彼は画家希望だった。ところが不幸にも美術学校の試験に落第してしまった。辛い生活に耐えかねて、道ばたで絵を描いていくばくかの金を稼いだりした。

もし彼が最初の願いどおり画家として大成していたなら、ドイツの歴史、いや世界の歴史はあれほど凄惨な悲劇を辿らなかったかもしれない。このようにひとりの人間の最初の願いが挫折するのは、彼自身の一生においてはもちろんのこと、ときにはひとつの社会、ひとつの時代に途方もない波乱を引き起こす。

われわれ人間には契機という岐路がある。最近よく使う言葉で「モメント」といってもいい。われわれがそれに直面したときには、つまらないものとしか考えられなかったことが、後日の運命を左右するとんでもない結果をもたらしもする。人生では必然が強調されるが、ただしてみれば偶然も少なからず作用する。まさにその偶然で希望がなし遂げられることも、砕かれることも、さらには修正されることもある。

「偶然」という言葉があまりに運命的ならば、意外性と言い換えてもいい。当人は「偶然」とか「意外」と考えることが、客観的にみれば必然的な場合も多い。私の経験は意外性よりは必然性が支配し、私が歩んできた息苦しい人生の前半はみなそうだったので、そのようになったと認めて生きてきた。

中学校への進学を放棄し、山村の農夫になろうと思った私の現実主義は、両親と叔父の涙の勧告で崩れてしまった。高校卒業のとき、ソウル大学の願書を書いてまさに教務室のドアを押そうとした瞬間、田舎に淋しく残って苦労されている年老いた両親のことを考えなかったら、私の判断や専攻は違っていたかもしれない。

しかし、いま個人の身辺的な願いを語るのはつまらぬ回顧談にすぎない。けれども過去を反芻する理由がより堅実な明日のためのものなら、それでも少しは付け加えないわけにはいかない。

私は一昨年（一九七六年）までの一〇余年間、弁護士活動をしたが、私が弁護した人びとのうちには無念な獄中生活をした人が多かった。そのうえいま私は「前弁護士」となり、その何年後かにはふたたび法廷活動ができる「後弁護士」になることもあろう。本当に精いっぱい人びとの権利を擁護し、無念を晴らすことができるなら――これがいまの私の願いである。

歴史の目でみたならば、無念な獄中生活を防げなかったことや、弁護士の席すらも失ってしまったことは偶然の結果とはいえない。意外性がなかったとはいえないが、本質的には必然の鏡である。

私の最初の希望の挫折が、私個人やこの社会にいかなる影響を与えたかは、さらに多くの歳月が経過した後に見定められるだろう。それでも少なくとも後悔だけは残したくないと念じながら、また新しい年を迎える。

（『対話』一九七八・一）

7　三民社

私の履歴書を詳しく書くとそこに出版人としての経歴もはいってくるはずだ。正確には一九七七年から約八年間、図書出版三民社《サムミンサ》の実質的「オーナー」かつ主幹として働いた。これはみな朴正熙氏のおかげだった。

一九七五年春、私は奇想天外の反共法筆禍事件で拘束され、やはり奇想天外の有罪判決が大法院［最高裁判所］で確定された結果、一夜にして弁護士資格を剥奪され、失業者になってしまったのである。一九七六年春からはじまった無職生活の初期には『法政』『司法行政』など法律雑誌の主幹として歳月の透き間を埋めたが、一年ならずして辞めてしまった。

それからはじめたのが出版社だった。

三民社は妻の名義で出版社登録をした。私の名前で申請をすると登録証が出ない危険性（?）があるので、当時の解職記者たちが使った妙策を真似してみたのだった。だが管轄区庁で出版社登録証を受け取ってから数時間後に、情報機関員が区庁を訪ねてきて、その経緯を調べ騒ぎ立てたとの話をきいた。

出版社の設立は言葉のうえでは登録制だったが、実際には許可制と同じだったのだ。そのころ、妻を「社長」に担ぎだし出版社を構えたある解職記者が、ある日、退勤準備をしながらこんな名言を残した。
「さて、今日は家に帰って社長の上で会長になるか、その下で主幹の役をやるかな」
登録証や発行書籍の奥付には厳然と夫人が代表者（発行人）と表示されていたが、実際にやる仕事はなく責任を負うこともないので、いうなればエリザベス女王を家に迎えて暮らすようなものだった。

ともあれ大きな資本がなくてもはじめられる利点だけで、出版に手を出したが零細出版社は結果をみるまでもなく、いずれ夭折する運命を背負わされているのだった。三民社の職員は電話番と校正をする女性職員ひとりだけだった。だから当時軍事独裁の威嚇をした朴正熙氏を「一人体制」と批判しながら、三民社もやはり一人体制に依存していたのだ。

三民社の新刊第一号は金東吉教授の『道を尋ねるあなたに』だった。そのころ、金教授の歴史に関する文章・時論・エッセーなどを編んだ本は、ベストセラーになり読者の受けがとても良かったので、出版各社は彼の原稿をもらおうと激しい競争をくり広げていた。そんななかで私に一冊分の原稿をくださったのはとても感謝すべきことだった。私は出版経験が皆無だったので、組版・用紙購入・印刷・製本など全過程にわたって友人の尹炯斗社長のお世話になり、汎友社の信託統治下にはいった。営業活動はいうまでもなかった。

期待したとおり『道を尋ねるあなたに』は大きな反響を引き起こし、書店の注文に応じて二刷、三刷と喜び勇んでつくった。しかし好事魔多しというか、そのころの朴政権維新体制では珍しくもない販売禁止措置に遭った。現実歪曲と国論分裂、そして大統領緊急措置第九号違反の嫌疑というのだった。文化弘報部の上部に直接抗議し、数ヶ所に手を入れる線で落ち着きふたたび刷った。けれどもすでにベストセラーの脈が切られてしまったのか、書店からの注文はまばらになり人気は長続きしなかった。朴政権の弾圧が激しくなり事理が通じなくなったため、三民社はよちよち歩きの段階で強打されたのである。

（『本と人生』二〇〇三・二）

8 「販禁」時代

朴政権の出版弾圧はじつに徹底したものだった。本の内容が少しでも気にくわなければ、ことの正否を問わず「販売禁止」になった。法的な根拠を示すこともなく、明白な「処分」をくだすのでもなかった。警察や行政公務員が書店や出版社を訪ねたり、電話をかけて「問題書籍」の収去を要求したら、それがそのまま「法律」になるのだった。それにあえて背くことはできなかった。出版社側で関係部署に問い合わせたり、抗議したりすれば、先方では知らないとか、処分の事実がないとかシラを切った。それで最後まで正面から勝負をするわけにはいかなかった。戦いよりは生計の道を考えねばならないので、賢明な対応が必要だった。二重プレイもよく導入された。一方では収去要求に応じつつ、他方では引き続き配本をするのだ。

販売禁止を解いてもらうための一部修正にも「誠意」を示した。当局は咸錫憲《ハムソッコン》先生の『天地に正気あって』に対しても、言いがかりをつけた。「独裁者」という言葉が問題になった。朴政権の過敏さをうかがわせる断面である。

私は咸先生を訪ねて「文章表現を少し代えてくださいませんか」とお願いをした。すると意外にも咸先生は「それがむずかしいことなのかい。簡単だろう」とおっしゃり、「独裁者」の後に「達」の字をひとつ付け加えられたのだった。このように複数にしておけば、特定人物を指したことにはならないというのが先生の説明だった。

ある言論人の書いた本のタイトルを巡って是非が争われたこともある。それは解放後の政治的疑惑事件の捜査・裁判を扱った本で、私は本のタイトルを『終わらない審判』と決めた。うまいタイトルと自負していたところ、意外にもこれがダメだった。

ある日、情報課からやってきた警察官がちょっといって、本のタイトルが問題なのだという。すでにみんな終わった裁判なのに、なぜ「終わらない審判」なのかというのだった。三民社で出す新刊は著者の名前だけでも、当局が神経を費やさねばならない人物ばかりだった。そんな神経戦をいくどとなくくり広げて、あきれ果てたコメディみたいなことも種々体験した。

そうかと思えば三民社のために援助してくださる方も大勢いた。新聞や雑誌はほとんど漏れなく三民社の本の書評や新刊紹介の記事を掲載してくれた。著者と本が立派だったせいもあるが、三民社の気の毒な立場を考えての支援と好意の発露だったと思う。懲役刑になり弁護士もできずに、無職になった私を気の毒に思ってくださったのだろう。

有名企業の社報からもありがたい扱いをされた。社報はその読者である社員の購買力を考えれば、そこに掲載される新刊案内の効果は大きかった。

そんな言論媒体からのサポートに対して、私は酒一杯すらもてなしたことはないが、その代わりに先方からの執筆依頼には必ず応じるようにした。

いちどは白花《ベクファ》という酒の会社の社報から、酒に関する話を書いてほしいと依頼がきた。だが、私は酒をやらないので、酒の会社の雑誌に禁酒の話を書くこともできず苦労した記憶もある。私の『土亭秘訣』〔訳注：前掲五三頁〕にもなかった出版社体験は、決して成功例とはいえないが、得たものも少なくなかった。

(『本と人生』二〇〇三・二)

9 悪縁

金泳三《キムヨンサム》政権の最初のころだったか。見慣れぬ中年男性が事務室にやってきた。印象があまり良いとはいえないその男の顔はどこかで見た覚えがあった。その瞬間、頭のなかで記憶検索の作業が開始された。そしてとうとう浮かび上がってきた。その男は一九七五年三月、私が南山《ナムサン》（当時、中央情報部）に引っ張られ反共法違反で調査をうけたときに、地下室で私をせき立て脅かした要員四名のうちのひとりのK氏だった。

私は席を勧めながら用件をたずねた。聞いてみると彼は金泳三政権になってから人員削減（粛清？）になった二百名ほどの職員のうちのひとりだという。ではなぜ私を訪ねてきたのか。

要するに悔しくてならないので、安企部長〔法改正前は中央情報部長〕を相手どって解雇無効訴訟をやりたいというのだった。まったく意外なことだった。世の中に自分が捕まえてあれほど苛酷に扱い監獄にまで送った者（私）に、自分の訴訟を依頼したいとは……。

訴訟をするのは自由だが、よりによって私のような「南山」で何度か出くわした者を、訴訟代理人に立てれば、先方はあなた方をきっと不届きと思うだろう。裁判はつぎの問題で、すぐに捕まえていきひどい目に遭うだろう。あちら側に勤務したのだから、良く知っているだろう。その報復の生理を……。こんな要旨で再考を促した。

けれどもK氏はそんな恐れはないといった。自分の同僚・後輩らはいまみなそこの幹部だから、絶対そうではないと言い張るのだった。

「そうでしょうか。中央情報部長をやった金鍾泌氏は、そこに知ってる者がいないので南山が捕まえようとしたじゃないですか。かえって逆効果になるだけだから、別の弁護士を選任することを考えたらどうですか」

しかし、彼は是非にと私に事件を受け持ってほしいと引き下がらなかった。

「解職者たちが集まって会合をもったのですが、南山筋の圧力や威嚇にも屈せずに最後まで戦ってくれる弁護士は誰だろうと話し合った結果、韓弁護士のほかにはいないと満場一致だったのです」

往年の自分たちなりの南山経験で、そんな判断（人選？）をしたらしい。

実際「南山」側の圧力や工作・脅迫は、容易にふり切ることのできる魔手ではなかった。降伏、毀節［志操を変えること］または誓いを強要するのがつねだった。特定事件の弁護から手を退けと脅迫に遭い、呼び出されて終日拘束された経験もある。

反省するとか法を守るとかの覚え書きを一枚書けというのを拒絶したために、真昼間から夜遅くまで言い争いをし地方の刑務所に移監されたこともある。

「南山」の事件でっち上げや工作意図に従わずに、持ち堪えるのはそれほど容易ではないが、それでもいちど迎合・屈服すれば破滅も同然なので、乏しい勇気を尽くして良心を守らねばならなかった。それが憎らしくそのように苦しめた彼らが、むしろ私を自分たちのための法廷闘争の信頼すべき代理人格に見立てるとは、実に諧謔的ではないか。

私は最後まで彼らの要請を受け入れることができなかった。私との悪縁のためではなかった。私が彼らを代弁し法廷に出るのは、彼らにとって逆効果になる危険が大きかったからだ。

K氏は残念そうな表情で席から立ち上がった。私は彼をエレベーターの前まで見送った。少しは済まないという気持で……。

（『本と人生』二〇〇三・一一）

10　監獄の風景

また一年を送る最後の月、誰かに手紙を書いてみたい季節です。一年を生きてきたというよりは、歳月に背を押されてここまで流されてきたみたいな感じのなかで、この文章を書きます。

ふり返ってみると、この一年も熾烈に生きねばなりませんでした。私の前に押し寄せた現実は私の力で耐えるにはあまりにも厳しいもので、ときには私を懐疑的にもしました。人を感傷の目に押し込む淋しさのようなものも経験せねばなりませんでした。

あれやこれやあらゆる風波のなかでも、漂流したり沈没したりせずに今日にいたったのは、幸いなことで感謝すべきです。同時に冬の冷たい風のなかに、飛び散る心残りと悔やみも隠すことができません。どうしても人の内面を深めるのは秋以後の季節であるようです。年ごとに今ごろの季節になると、私の記憶はどこにか潜在していた過ぎし日の生の切れ端が、回想のフイルムのように目の前に再現されてきます。

なぜか西大門《ソデムン》拘置所の冬が思い出されます。春、夏、そして秋が過ぎても、私の心は晴れずに冬を迎えねばなりませんでした。黄色いいちょうの葉が地面に積もっています。運動時間に外に出ると、いつもそのいちょうの木のまわりを何十回も駆けて運動をしました。そしてその木の下にある古いベンチに座って、さまざまな思いにふけったりもしました。

木にぶら下がっている葉っぱは一日で思いのほか減っているようですが、いつの間にか残りの数が数えられるほどになってしまいました。ふとオー・ヘンリーの「最後の一葉」を思い浮かべました。あのいちょうの葉が落ちる前に、私はここから出られるだろうか……。

しかし、つかの間の秋も過ぎていちょうの葉がわずかになっても、私の監獄生活は続いているのでした。最後の一葉が冷え冷えした初冬の風で飛び散ると、枝だけがかしぎはじめました。すると意気地なくなりそうな私の心を叱るもうひとつの声が聞こえてきました。

その年の冬はひどい寒さでした。独房に閉じこめられていたときは「絶対孤独」がどんなものかを体験しました。ひとつの部屋に数人が一緒になってみると、いわゆる極限状況に置かれた人間の裸になった姿をみることができました。それぞれ辛く口惜しい「人生駅馬車《インセンヨクマチャ》」のことを話し合いました。

賄賂を受け取って捕まった公務員K氏は、まったく運が悪くて捕まったと嘆いていました。還暦を過ぎた「盗賊先生」L氏は、その分野の「歴戦の勇士」らしからぬ立派な言動をしました。医療法違反でやってきたT氏は医師の免許が取り消されるのではないかと心配していましたが、突然、熱が出て苦しみすっかり寝つくようになりました。医務室の人々はT氏が仮病ではないかと疑い治療をしてやらなかったのです。医師出身なのでいっそう疑いをかけられたのです。ある日、彼はとうとう危篤に陥り拘置所の外の民間病院に移されました。

翌朝、彼が死んだという消息が赤い壁を越えて伝わってきました。「食口筒《シックトン》」（監房の収容者に食べ物を与える小さな穴）を通じて、配食された「カタ飯」（丸い器で固めた飯）の塊を前にして、みんなは哀悼のお祈りをしました。ニセ患者がとても多いので本物の患者、それも医師先生が不幸なことになってしまったのです。

高齢の「盗先生」は文盲だったので、刑務官が控訴理由書を代筆して提出しました。ところがその内容が間違っていたので怒って高血圧症が悪化し、「重通《チュントン》」（重症通報による拘束執行の停止）で釈放されました。いわば本人の無知と刑務官の失敗のためでした。

副食納品業者のR社長の立場は微妙でした。彼はよりによって当時収監されていたまさにその拘置所に副食を納品していたのが不正事件に引っかかり入ってきました。だから自分が納品した副食を食べながら監獄暮らしをするようになったのです。ある人は食事中にまずくて匂いのする副食の器をR社長の前に突きつけて「あんたが作って売ったものなんだから、あんたが食えよ」といびったりしました。泣きっ面に蜂で、彼の疑妻症状はさらに深まりました。真夜中や明け方にも顔を赤くほてらせて苦しがりました。なぜか夫人が一日でも接見にやってこないと、自分の疑心が的中したかのように「あのあま！」と連発していました。

そのほかに宗教的理由で兵役を拒否し収監された若者、学父母の集まり「ＰＴＡ」で知り合った女性と反則恋愛を楽しんで捕まった中年の社長など……みなそれぞれに理由がありました。

誰もが早く釈放されることを強く望み、重苦しい時間を過ごしていました。そして互いに「うまくいくでしょう」「早く出てください」「きっと出られますよ」と励まし合っていました。それでも先に釈放されていく者がいれば、内心ではうらやましさで憂鬱になったりすることもありました。その年の冬はそのようにして過ごしました。何のつながりもない者たちが集まって、一日中、狭い空間でからまって暮らしたのです。

そんな同房の同僚たちが今はみなどこで何をしているのか気がかりです。社会に出ても互いに助け合って暮らそうと約束し、よろしくとの挨拶を交わしたのですが、なるべくなら監房仲間（?）を避けたいらしく、互いの消息が途切れてしまっているのです。

過ぎし日の過ちが何であるにせよ、あるいは途方もない無念な濡れ衣を着せられたにしても、監房生活の経験は、それなりに貴重な意味があります。そうした不幸を踏みしめて新たに生まれ変わる契機にする人がいるかと思えば、はなから挫折し自暴自棄になってしまう人もいます。同じ経験でそのように相反する結果になるのは、つまりは各自の心の持ち方や意志の問題といえるでしょう。

いまは他人の話ばかりをしているときではありません。私は果たしてどちら側でどのように変わったのかを自分で診断してみます。天を仰ぎ見て一点の恥ずかしさもない、そんな生き方ができなかったことを自責しないわけにはいきません。

黄色いいちょうの葉が風に舞うのをみながら、瞑想し、苦しみ、確かめたそのときの私の心のうちを、もう一度よみ返らせて、もっとまとも人間になりたい、そんな意志を確かめながら新年を迎えようとしています。

（韓国聴覚障害者福祉会『清音』一九八九・一二）

11　荷主

三民社は便宜上「主幹」を自称する私と女性職員ひとりが、粗雑な狭苦しい事務室でよちよち歩きをはじめた。だから企画・原稿依頼・受け取り・編集・校正まで私が直接するしかなかった。そればかりか、製版所・紙屋・印刷所・製本所まで出入りせねばならなかった。適当に電話で済ませることも、職員をやって済ませることもあったが、「一人体制」のミニ出版社なので事情はちがっていた。取引先でもとくに歓迎すべき顧客ではなかったので、こちらが急ぐときには直接訪ねて行くしかなかった。三民社の仕事をもっと早くしてほしいと頼み込み、オフセット印刷機の前に張り付いて「検証」をすることもあった。

哀歓がないはずはなかった。あるとき元暁路四街《ウォンヒョロサガ》にある製本所に行って新刊見本を二〇冊ほど抜き取り、大通りに出てタクシーを待っていた。盛夏の午後、いくら待っても空車はやってこなかった。すると小型の用達車《ヨンダルチャ》［荷物運搬車］が近寄ってきたので、もしやと思って手を挙げてみると、ありがたいことに私の前で停まってくれた。本を手に抱えたまま運転席の横に座ると、運転手がこういった。

「手に持った本の包みは後ろの荷台に載せてください。この車は貨物車なんです。荷物を載せずに人間だけを乗せることはできないんです」

その日、私は二〇冊の本を荷台に積んで立派な荷主になった。

Rという女性は私ととくに親しい間柄ではなかったが、三民社の本を持って行き、あちこちの在野・市民団体の集会や女性たちの集まりに出かけて販売をし、売上金を持ってきてくれた。私はそのときのその方の親切な気持をいつまでも忘れることができない。幸いに三民社の新刊は当時、社会的に尊敬されている方々の著書がほとんどだったので、民主化を求める知識人、青年、学生、市民たちに歓迎された。

その頃、朴政権から憎まれて解職された人びとがかなり出版業に進出していたのだが、彼らは良い本をつくるところまでは力量と誠意を尽くしたが、いざ本を売るとなると、すなわち営業活動には経験がなく、どちらかといえば不得手だった。どんなに良い本でも、書店で扱ってくれなければ短命に終わってしまう。本がよく目につくように陳列されれば有利で、そうでなければその反対になる。換言すれば、本を横にするなら（本の表紙全体がよく見えるから）優遇で、立てて並べてあれば粗末な扱いということになる。だから書店の店員にお土産攻勢をかける出版社もあるとの噂が広まっていた。不届きにも「本屋で本を横にするのは、女性を横にするよりもむずかしい」という冗談まで交わされていた。幸いにも三民社の新刊はそのようなこととは関係なしに、書店で優遇されたのでありがたかった。

書店ではいわゆる返品や支払の面でも便宜を図ってくれた。だがベストセラーがなかったせいか、売上げや入金は微々たるもので、経営状態はいつも苦しかった。

（『本と人生』二〇〇三・三）

12　訳者の名前

私が朴正煕政権によって弁護士資格を剝奪され、一夜にして失業者になり「三民社」という出版社をやりくりしていたころの話である。

あるとき新聞に社員募集の三行広告を出すと、数日後にひとりの若い女性が訪ねてきた。意外にも聴覚障害者だった。職員はひとりだけ必要なので、彼女が話を聞き取ることができなければ、外からの電話を受けたり、出入りする人たちとの対話も不可能になるので、じつに困ったことになる。けれども彼女を採用せずに帰宅させたら、彼女の心はどんなに痛むだろうとの思いにとらわれ、私の良心上うまくやり遂げることが難しいと呵責を感じたからだった。

私は即座の判断で彼女を採用した。新聞の三行広告だけをみた彼女は、ここが一人出版社であることを知らずにやってきたのだろう。ところがこんどは彼女の方が採用されるのを遠慮した。このように許諾と辞退の主体が入れ替わる異例の口争い（筆談をしたのでメモ争い？）が交わされた後、とうとう彼女は三民社に出勤することになった。

彼女は実力と誠実性がともに優れていて、出版社職員としては望むべくもないスタッフだった。信仰心も厚くとても立派な女性だった。

零細出版社とはいえ、新聞・雑誌に出版広告を出し、図書展示会にも参加し、出版関係団体や出版関係者とのつきあいも増えていった。私のこうした出版の現場経験と出版界の方々とのおつきあいは、著作権の勉強に少なからずプラスとなった。

私は一九八〇年の「五・一七事態」で捕まり、いわゆる「金大中内乱陰謀事件」で懲役を科せられた。この間、三民社は空白状態に陥ったが息は絶えなかった。進行中の企画や販売もストップはしなかった。

そのとき私は作家・三浦綾子氏の『旧約聖書入門』の翻訳出版を進行させていたのだが、途中で逮捕されてしまったので、その次の段階でとても珍しいことが起きることになった。この本のほんとうの訳者は李愚貞《イウチョン》先生だったのに、表紙には「金〇〇訳」と印刷されたのである。李愚貞先生は反政府強硬派で、先生の翻訳書だったら間違いなしに販売禁止になる恐れがあるので、より穏健な金〇〇牧師を訳者に仕立てたのだった。お二人とも了解し承諾してくださったというが、私としては恐縮のかぎりの出来事だった。ほかならぬ聖書に関する本において「翻訳者詐称罪」を犯したわけだが、神様も私の気の毒な立場をお見通しになり、お許しくださったと信じる。

出版社体験が契機になって韓国出版学会にも入り、著作権分野の委員会を引き受けるようになり、大韓出版文化協会（出協）の著作権法改正案作成を依頼され、私なりに力を尽くした。

その改正案をめぐって出協主催の公聴会が開かれたときに、私は提案説明と司会を受けもった。著作財産権保護期間を著作者の死亡から五〇年間とするのか、三〇年主義を固守するのかで激しい論争が起こった。私は文章を書き本も出した著作権者であり、出版社運営の経験もある出版人として、改正案作成や公聴会の司会者としては、中立的な適任者を自認していたのだが、一部の人びとはそう見てはいないようだった。出版関係者たちは韓なにがしは、どこまでも文章を書く人間だから著作者側だとみなし、教授・文人たちは私が数年間、出版社を運営したことがあるので、出版人の利益に偏っているとみるのだった。このように双方から偏見をもたれたところからみると、韓国社会で公正で中立な立場を保つのはなかなか難しい。ともあれ、私は少しばかりの著作権知識によって、出版界にいくばくかの貢献をしたのである。

（『本と人生』二〇〇三・三）

第四章　歴史の曲がり角

1　北側との「晩餐」

今年（二〇〇二年）の夏以降、南北間の人的往来が大分頻繁になっている。これらの行事の招請当事者や主催者側ではない私も、北からやってきた「反国家団体の構成員」と「会合」をし、「讃揚・鼓舞・同調」する機会が何度かあった。

北の同胞兄弟とはすでに金剛山で会い、平壌《ピョンヤン》と妙香山《ミョヒャンサン》でも会ったが、ソウルの行事で彼らと席をともにするのは、こんどが初めてのことだった。二〇〇二年八月一四日の夕方、ウォーカーヒルホテルで開かれた「八・一五民族統一大会」の北側参加団の歓迎行事の席である。

ところが、その日の午後に予定された歓迎公演と晩餐会は一時間半以上も遅れてしまった。ウォーカーヒルホテル地下の「伽耶琴《カヤグム》ホール」の前で、待ちくたびれた時間をもてあましながら、南側の参加者たちは北側参加者がやってくるのを待ち続けていた。彼らのいらだたしげな表情に私も落ち着けなかった。

呂運亨《ヨウニョン》先生の娘の父親の墓参問題と韓総連不参加に対する抗議によって、北側代表団一行の会場への到着時間が予定より一時間半ほど遅れたのだった。歓迎公演も一部が省略され、晩餐会場に移ったのは八時頃だった。

こうした席でよくあるように、歓迎の挨拶、答礼の挨拶、祝辞などが続いてかなりの時間が経過し、食卓に食べ物が出はじめたのは九時近くになっていた。

私と同じテーブルに座った北側のメンバーは、朝鮮文学芸術人総同盟の副委員長（韓国のテレビでは「文化省副相」）孫錫煥《ソンソクァン》、民族和解協議会（民和協）副会長許赫弼《ホヒョクピル》、民和協事務委員金京南《キムキョンナム》の三氏だった。なかでも許赫弼氏は、南北実務会談のときにしばしば登場して顔なじみの人物である。孫錫煥氏は一五年前北側公演団が初めてソウルにやってきたときの団長だった人物。

晩餐は飢えを感じるほど遅い時間にはじまった。私は北側の客人に食べ物を勧めながら、ひと言申し上げた。

「晩餐の晩の字は『晩』じゃないですか。だから今日のように遅い時間に食べれば名実がともなった晩餐になりますね。どんなご馳走でも六時か七時の早い時間に食べるのは〝晩餐〟とはいえませんから。北でも〝晩〟の字はご存じでしょう」

「ええ、まったく、韓先生のお言葉に全面的に賛成です」

「反国家団体の構成員」の彼が私の意見に「同調」した。

南側の民和協の幹部のひとりが、われわれのテーブルにやってきて、儀式と進行に手違いがあって済みませんと北側代表団員に謝った。私はちょっと口をはさんだ。

「いや、外国人ならばともかく同じ兄弟なんだから、われわれの間で何も謝ることはないでしょう」

すると北側の人びとも異口同音に「もちろんですよ」「そうですとも」と賛意を表し、私の意見にもう一度「同調」してくれた。それればかりか、そのうちのひとりは名唱《ミョンチャン》・安淑善《アンスクソン》氏の師匠の族譜まで取り出して「讃揚」した。私も相互主義にふさわしく「讃揚」をしたが、一九日の夕刻、COEX［ソウル江南にある国際展示場］で開かれた北側芸術団の公演のときには、惜しみない拍手を送った。「統一のためには南北がしばしば会って、互いに讃揚・鼓舞・同調しなければならない」、文益煥《ムンニックカン》牧師の名言がふたたび蘇ってくる。

（『本と人生』二〇〇二・一〇）

2　赤と白

在日朝鮮総聯系の生徒たちで構成された在日朝鮮学生少年芸術団の歓迎晩餐会は、二〇〇二年九月二日の夕刻、オリンピックホテルで挙行された。当日の午後、仁川空港から入国した役員と生徒たちは、たくさんの荷物（大部分は演奏用の楽器）を引き取るのに手間どり、予定時間より一時間以上も遅れて宿舎に到着した。

晩餐会場の別室で初対面をした総聯側芸術団顧問の金淳喆《キムスンチョル》氏と団長の具大石《クテソク》氏は「反国家団体の構成員」らしからぬ打ち解けた表情で、ごく自然にわれわれと握手と挨拶を交わした。「反国家団体」である総聯側の人びとと会ったという感じよりは、ただ在日同胞との喜ばしい出会いそれだった。

とんぼの羽みたいな薄い韓服をまとって入場した生徒たち（初等・中学）は、初めて踏んだ故国の地を無邪気な目で眺めているようだったが、まもなく落ち着いた。

団長の挨拶や役員との対話でも、ただ出会いの嬉しさと統一への念願が込められていただけで、自らの宣伝や相手側の心情を刺激する話はいっさいしなかった。状況の変化に合わせてお互いを尊重しながら、少しずつ進んでいこうとする努力が明らかにうかがえた。

団員からの話によると、こんどの学生少年芸術団は以前からあった団体ではなく、今回の韓国公演のために急遽編成されたものだという。それも八月下旬のある日、急に上部からの指示があって総聯傘下の各級学校のうち、昨年のコンクールで分野別に最も優秀な学校のチームから選抜したという。

そのような内幕は以前ならば当然外部には秘密とされていたもので、まったく気兼ねもせずにそのような話をするのを聞くと、あちらも変わったのだなと推測ができ情が深まるのだった。

私の日程の都合で、彼らの公演を予定日に見られなかったのは残念だったが、彼らの評判はとても良かったようだ。いやもう少し未熟であってもかまわない。若い学生たちが大人たちの争いが詰まった祖国の地にやってきて、他人の国・日本でも誇りうるわが伝統芸術を見せてくれるだけでも、どんなに感激すべきことか。

南北統一サッカーもまた北側と交わった和合の宴だった。九月六日夕刻の北側選手団一行の歓迎晩餐会には、日程が詰まって出席できなかったが、翌日昼の試合には万難を排して観戦に出かけた。予想どおりソウル上岩《サンアム》競技場を埋めた満員の観衆の熱気は大変なもので、北側の選手たちがグランドに姿を現すと、熱い拍手に込められた歓迎の熱風が場内を包んだ。

そのとき私は双方の選手たちをみて不思議な思いに駆り立てられた。北側の選手は白いユニフォーム、南側の選手は赤いユニフォームを着ていたのだが、何か違うなという感じがしたからである。もともと共産国家（または社会主義）は赤い色で象徴されてきたから、赤の広場、赤色分子、赤化統一などがその見本なのであり、白色テロという言葉もあるように、資本主義国家は白で対比されてきたのではなかったか。

ところがその日は南は赤、北は白と、選手たちのユニフォームの色が代わっていたので、お互いに相手側の立場になってみる「易地思之《ヨクジサジ》」［立場を変えて考えること］の象徴でないかと夢解きをしてみた。南北双方の選手たちの力と技量が等しく優れていたこと、互いに得点がなく引き分けに終わったのもよかった。そして快い余韻が残った。

（『本と人生』二〇〇二・一〇）

3　北韓での「無料弁護」

夜を徹して東海《トンヘ》［日本海］を北上した旅客船金剛号《クムガンホ》の船上で、北韓での初めての夜明け（一九九九年一〇月二五日）を迎えた歴史的瞬間、薄暗い視野の彼方に長箭港《チャンチョンハン》が徐徐に輪郭を現しはじめた。

韓国プレスセンターが主催した「言論人金剛山観光団」に紛れ込んで、待望の金剛山見物に旅立ったのだった。「紛れ込んで」というと不正入学もどきに聞こえるかもしれないが、そうではなかった。言論人が参加する船上討論会で「南北韓文化交流と実定法問題」について主題発表を受け持ったのに加えて、私は韓国記者協会や寛勲倶楽部の顧問弁護士として長いあいだ言論団体と縁が深かったので、その程度の名分だけで十分だったのだ。

船が次第に陸地に迫っていき、足下に長箭港が広がると私の神経は感動に浸りながらも、異常なほどに落ち着いていた。ともあれ私は初めてわが祖国の半分である北韓の地に第一歩を印す瞬間を迎えていた。

順番に下船することになったのだが、船体に連結された傾斜したはしご（階段）にしたがって一歩ずつ降りていき、階段の最後の一段を終えて地面に最初の足を降ろした瞬間、私は歴史的な第一声を発した。

「あ、私はとうとう北韓の地に第一歩を印した！」

まさにそのとき背後にいた現代商船のK常務が素早くいった。

「ちがいます。いま踏んだのは北韓の地ではなく、現代が敷いたマットです」

つまりこうして北韓の地での第一歩は「錯覚」ではじまったのだった。どんなに正確な言葉であっても沈黙のほうがもっと良い場合があるということ。K常務の発言は事実には合致するが、情緒には欠ける発言だと思い、つい失笑してしまった。

金剛山は写真や映像で見たよりさらに神秘的で美しかった。のみならず山と渓谷が汚染されていないのが幸いだと思った。

一行中の誰かがいった。「金剛山が休戦ラインの北にあるのはとても幸いなことだ、もし南側にあったら、きっと商売人が押し寄せてめちゃめちゃになっただろう」

北側の山・村・田畑・果樹園など目に飛び込んでくる風景に、もっと「つややかさ」があったならとのもどかしさ、北側同胞の表情がもっと明るかったらとの物足りなさが頭から離れなかった。

三日浦コースはボーナスということだったが、北側の案内員とあれこれ対話を交わすことができた。ただ撮影禁止区域で写真を撮ったとか、撮らなかったとかで北側の案内員と一行中のひとりとの間でもんちゃくが起き、カメラを奪われそうな危機に遭遇した。

私は事態を黙視できず「自発的弁護」に当たった。北側の若い案内員を片隅に呼んで、穏やかな口調で「あの方は南韓で尊敬されている言論人で、絶対に何らかの違反をしたり、嘘を言ったりする方ではないので、それを理解して静かに納めてください」と説得した。

彼は私の名刺をちらっと確かめると法務法人とはなにをするところかとたずねる。「これは弁護士が集まった団体です」と答えると、「そうですか、わかりました」と引き下がり、事態は収拾された。

北韓の地で試みた私の「無料弁護」の第一号事件は、こうして無事に解決をみたのである。

（『本と人生』二〇〇二・一〇）

4　北女に踏みにじられた南男

二〇〇三年三月二一日の正午頃、わが訪北団一行が平壌《ピョンヤン》順安《スナン》飛行場に到着すると、北側は民和協許赫弼副会長が出迎えにやってきた。その場で私は端正な身なりの女性から花束をもらった。私は一九七五年三月二一日に反共法違反で、中央情報部に引っ張られ拘束されているが、二八年後のまさに同じ日に反共法―国家保安法上の「反国家団体」である北韓の地を踏んで花束を受け取るとは、これは明らかに歴史のアイロニー〔皮肉〕だった。

花束は南韓のそれとは異なり、数本の花にビニールをかぶせた小さな一塊りの束だった。これは北方の気候と関連があるのだろうと推測した。寒いばかりか大きな生花産業が発達していないから生花が貴重品なのであり、低い気温に苦しめられて枯れやすいので、花の部分まで包むのではないか。

日本では花束はともかく花輪はとても小さくて、木、針金、プラスチックで細長くつくった支柱の外側を若干の花でおおう程度だった。花代を節約し占有空間を「節約」できる一挙両得なものだった。これに比べるとわが韓国はどうか。結婚式場、葬儀場、なになに行事の会場などにずらりと並んでいる花輪がいつも三段ほどの大型で、価格からも空間的にみても問題は少なくない。立てておく空間がなかったり、そのほかの事情によってリボンだけを受け取り、肝心の花輪の本体のほうはそのまま返してしまうこともある。途方もない浪費で虚礼虚飾なのだ。生花業者や花屋は反対するだろうが、行事用花輪は日本みたいに小さくするのが望ましい。

花の配達も全国ネットワークが形成され、地方の行事にも電話一本で簡単に届けることができる。それで地方で何かの行事があったりして必要なときには、慣例にしたがって現地の知り合いに頼んだりする。いつか故郷の言論社の女性記者に電話で祝賀の花輪を依頼し、後日に送金するときに先日の〝花代〟はいくらかとたずねた。彼女は少し驚いたように「なんですって、花代ですか?」と聞き返した。「花輪の代金」を学識ありげに、漢文調で言ったことで起こった失言の一幕。

閑話休題。私が泊まった羊角島《ヤンガクト》国際ホテルは客室だけでも千室に達する大型高層建築だった。ホテル最上階の四七階にはレストランを兼ねた回転展望台があった。ある日、強行軍の日程を終えて夜にわざと昇ってみた。平壌の夜景を期待して窓辺に座って外を眺めてみた。だが外は真っ暗だった。けれどもよく見ると主体思想塔など何ヶ所かと市内要所の若干の灯りが見えるだけだった。要するに「回転」はあったが「展望」はなかった。深刻な電力事情が想像できた。ホテルの地下には卓球場、ボーリングセンター、サウナに按摩室まで設けられていた。一行中のひとりが敏捷な動きでサウナに行ったといって一風変わった体験談を聞かせてくれた。サウナに続いて按摩サービスを受けたのだが、按摩師が女性なので物足りなかったところ、やおら足で踏みつけてくれたのですっきりしたという。

私のひと言。「北にまでやってきて女性にそんなに踏みにじられても気分が良かっただろうね」

（『本と人生』二〇〇三・五）

5　人民芸術家・鄭昌模先輩

万寿台創《マンスデチャンチャクサ》作社は北韓における美術創作の産室で、展示・販売場としても有名である。上の階には人民芸術家と功勲芸術家たちのアトリエがあり、下の二層は作品展示場になっている。

私がそこを訪ねて行ったのは、二〇〇〇年一〇月、平壌を初めて訪問したときだった（北韓訪問は実際は二度目、最初は一九九九年秋の金剛山観光）。

初めて万寿台創作社に立ち寄ったとき、私は人民芸術家の鄭昌模《チョンチャンモ》氏に面会したいと職員に申し出た。南側からきた者が急に誰かに会いたいといっても、叶えられはしないと推測できないわけではなかったが、私は事情を知らないようなふりをして、そのような言葉を投げかけたのだった。するとすぐに答が返ってきた。

「画家たちはみな秋の写生に出かけて（ここには）いません」

季節ごとに景色の良い場所を選んで絵を描きに行くとの話は、ほかのところでも聞いたことがあった。

そうだ、なぜ私が鄭昌模氏の名前を覚えていて、彼に会いたいと思ったのか説明しなければならない。彼は私の高校の二年先輩だったのだ。朝鮮戦争のときに人民軍に加わって北へ行き、そこで後に画家として大成し人民芸術家の栄誉を得た。

しばらく前、南北離散家族の再会があったときにソウルにやってきた目端の利く画商が、彼の作品展を準備し、作家の開幕展参席を推進する過程で図録を送ってきたりもした。だがそのうち相当数の作品が偽作であることを画家自身が明らかにすると、招請状まで発送済みだった展示会は中止になった。

創作社の展示場を見て回りながら、私は彼の作品をひとつ買い求めようとしたが、なぜか彼の作品だけは品切れで無駄骨になってしまった。

妙香山普賢寺《ポヒョンサ》に行ったとき、そこで秋の風景を描いている青年と少し言葉を交わした。そこで鄭昌模氏が私の高校の先輩だと話すと、青年はぱっと立ち上がり、自分が最も尊敬する画家なのだといい、あたかも私が自分の先輩でもあるかのように喜んでくれた。

さて、このたびは前回の「無駄骨」をくり返してはならないと思いながらたずねたのだが、やはり今回も彼の作品はなかった。職員にわけをたずねてみると、かなり前から健康を害して創作活動をしていないというのだった。その程度でも教えてくれたのがありがたかった。私は鄭先輩から自分の人生と思想、そして芸術の軌跡を夜を徹してうかがう——そんな小説のような時間を持ちたかったのかもしれない。現実では実現がきわめて難しいだけに、そんな願いは一段と美しく映ることもあるのだ。

「先輩、私は高校の二年後輩のなにがしです。ずっと前からとてもお会いしたかったのですが、お会いできてほんとうに嬉しいです」

このように話を切り出すことを想像してみた。

彼の反応はどうでも構わない。

「そんな感傷的な縁故論はお止めなさい」

こういわれても気にしない。

「はい、承知しました、先輩。ただお会いできたことだけで感激いたしました」

私はそのように従順な後輩の役を務めるのだ。同門の情というのはこうしたものなのか。

鄭先輩の一日も早い健康回復を祈る。

（『本と人生』二〇〇三・五）

6 「名誉団長」のハプニング

さきの（二〇〇二年）三月の訪北は、北韓支援事業をしていたり、北韓に関心を抱く人びとが貸切便を利用し、仁川《インチョン》―順安間を直行便で飛んだ。飛行時間はわずか一時間だった。

アメリカのイラク侵攻の翌日だったので、時期的に緊張感が漂っていたときだった。だが南側からは予定どおり離陸し、北側でも民和協の首脳部が姿をみせ親しく出迎えてくれた。『労働新聞《ロドンシンムン》』はわれわれ訪北団一行の到着を、空港で撮影した写真とともに四段記事で掲載し、朝鮮中央テレビもニュース番組で報道したという。それほど北側の関心をひく訪北だった。私は「名誉団長」に「急造」され、到着直後から立て続けに先頭と上席の待遇をうけた。それだけに不自由であり、万事について他人の耳目から逃れるのは困難だった。そんななかでも思いがけぬハプニングに出くわしたりした。

少年学生宮殿の内部は、暖房が切られていたためか冷え冷えとしていた。乗用車の中にコートを脱ぎ捨てて出てきたせいで、ひたすら我慢していたところ、私を案内してくれたその宮殿の副総長が、私が寒がっているのを知り、自分の半コートを持ってきて着せかけてくれた。その瞬間、私は「南北がひとつになると、こんなに暖かいのだな！」と叫び、傍らの人びとも一斉に大笑いをした。

妙香山国際親善展示館では「金正日展示館」を見てまわり、二階の売店で休憩していたところ、さきほどわれわれを担当した案内員（女性）がやってきて、厚い芳名録を広げ展示館をみた感想を書いてほしいといった。突然の要請にしばし躊躇したが、書かないわけにもいかず、ふと思いついた一節を書き記した。

「懐かしい兄弟姉妹たちよ！　またお会いいたしましょう」

つまらないお世辞よりはるかに誠意がこもった言葉を書き残すことができた。ところが私の書いた文章を受け取った案内員の表情はそれほど明るくはなかった。期待には及ばずという気配が明らかに見て取れた。すると急にこういうのだった。

「あー！　この展示館でまた会いましょうという意味なんですね」

瞬発力のある案内員の機知も見事だった。

北韓に留まっている間、私は北韓のテレビ番組を少ししか観られなかった。放送は午後五時の開始で夜十時には終わるのだが、その時間帯はほとんど部屋の外にいたからだ。到着した日の晩に部屋でテレビ受像機を点けてみたが画面が現れなかった。ちょうど私の部屋に集まった一行があれこれやってみたがダメだった。そこで私はいった。

「ともあれ〝テレビ〟は間違いなく見たんだから、画像（映像）はこの次に観よう」

夜の遅い時間帯には中国のテレビ放送が幅を利かせていた。たぶん六社くらいの地上波放送のなかには、私が楽しんで観る香港のスターテレビもあった。

まさにそのスターテレビの深夜放送で、韓国選手とデンマーク選手とのバトミントン競技を観ることができた。迫真感あふれる競技は私の疲労と睡眠をすっかり追い払い、最後は韓国の勝利で終わった。そして競技場スタンドの韓国側応援席で、熱狂的に振られる大きな太極旗が画面一杯にクローズアップされた。国境のない電波と映像の力が南北の障壁を忘れさせてくれた。

南北が互いに防いで隠すのではなしに、胸襟を開いて生きていくこと――これが両者の平和共存と繁栄の真の道ではないだろうか。

（『本と人生』二〇〇三・五）

7　北韓の「ユーモア」本

平壌には主なホテルごとに書店があって便利であるが、その反面、市内では書店の看板を見ることができなかった。「書店」といっても出版物の種類や数量はかなり貧弱なものだった。二年前（二〇〇〇年一〇月）に、初めて平壌へ行ったときと比べてもそうで、新刊はとりわけ目につかなかった。他の分野と同様に出版分野も沈滞を免れていないように感じられた。

それでも北韓までやってきて、そのまま帰るのも悔しいので記念用にと本を買った。最初の時は高麗ホテルと普通江ホテルの書店で『朝鮮語大辞典』『漢字語辞典』、そして『民事法辞典』などを買い求めた。

『朝鮮語大辞典』は北韓の社会科学院言語学研究所が、一九九二年に編纂したクラウン判［菊判と四六版の中間サイズ］で上下二冊、各巻二千ページ前後のインディアンペーパー紙による部厚い洋装本だった。方言、古語、使用頻度の高い語彙一覧表がついているのが気に入った。

「社会科学院言語学研究所辞典研究室編纂」となっている『漢字語辞典』も、役に立つ本だった。「編纂」とは別に「編集、教育図書出版社文学編集部」との表示があり、組版は教育図書印刷工場、印刷は中国牡丹江印刷工場でしたもので用紙や印刷の質は良いとはいえなかった。

しかし、ここで書こうとする「客談」の素材はユーモアに関する本の話である。最初に平壌に行ったときには『朝鮮中世風刺ユーモア集』（二〇〇〇年）という二百ページ足らずの薄い本を買ったが、用紙と印刷の質はかなり悪かった。社会科学院民族古典研究所が編集し、社会科学出版社が発行したこの本は「風刺とユーモアがたっぷり収められた一九世紀の民族の古典文献のうちから、一四三の話を選んで現代語訳」したものだ。一五世紀に徐巨正《ソゴチョーン》が編纂した悖説集《ペソルチプ》である『太平閑《テピョンハ》話《ナ》』など、門外漢の私としては初めてだったり、まったく知らない文献から選んだという風刺やユーモアは、その昔ランプのもとで読んだ「物語本」の水準だった。けれども冒頭には謹厳な言辞があふれていた。

そこにはこう書いてあった。

「わが人民は五千年の悠久の歴史を通じて、世界に広く誇るべき文化的財産を創造した」

続いて風刺・ユーモアの社会性を思い起こさせる場面が出てくる。

「正義を愛するわが民族は、社会的不正義と矛盾を鋭く暴露・批判する豊富な風刺文学遺産と、痛快な笑いと溌剌たる気質に満ちたユーモア作品を数多く残してきた」

本巻末の奥付には、翻訳、校閲、編集のほかに、装幀、編成、校正を担当した人びとの名前が明記されていた。この本を読んでみるとわが祖先たちの暮らしの中の風刺とユーモアは、濃縮されて伝来してきたことがわかる。

ユーモアと風刺のちがいはかなり曖昧で、明確に説明するのは難しいのであるが、前述の『朝鮮語大辞典』にはこう書いてある。「笑いによって欠陥を批判するという側面では共通性があるが、笑いの程度や批判の性格において違いがある」。すなわち風刺のほうが「より鋭くて容赦がない」というのだった。

（『本と人生』二〇〇三・五）

8　北韓版『世界のユーモア』

去る（二〇〇二年）三月二一日、二度目の平壌訪問のときに、宿舎の羊角島国際ホテルにある書店を訪ねる機会があった。とくに目をひく本はなかったが、それでも空しく帰るわけにもいかないと棚を見回していたところ、じつに珍しいタイトルの本が目についた。

『世界のユーモア』。それも一冊ではなしに四冊のセットで、朝鮮中央通信社が刊行したものだった。各巻二八〇～三〇〇ページだから、北韓の地で出た大衆的出版物としては破格の分量だった。

「まえがき」には「朝鮮中央通信社では新世紀の進撃路を開いていくための闘争を、果敢にくり広げている軍人と勤労者が、事業と生活をさらに楽天的に多情多感にし、その思惟能力と雄弁能力の向上を期すために『世界のユーモア』を連続編として編纂した」と発刊の趣旨を明らかにしていた。

る「ユーモア」本のはしがきにしては、いささか謹厳すぎる感じだったが、まずなによりも出てくる「お言葉」がいっそう厳粛な雰囲気に駆り立てるのだった。

「偉大なる領導者金正日同志におかれては、次のように指摘されている。『人びとの豊かな情緒は楽天的で多情多感な生活に基礎をおいています。生活を楽天的に多情多感にしなければ、人は人間の真の暮らしの楽しさと幸福を味わうことはできず、そのような人には人情味も、革命同志に対する暖かい愛情も持つことはできません』」

現在の北韓同胞がこの本によって「楽天的で多情多感な生活」をするには現実はあまりにも厳しいが、ともあれこうした「ユーモア」本が刊行されている事実だけは喜ばしいことだ。「人間の真の暮らしの楽しさと幸福」を感じられるくらい北韓の条件が良くはないとすれば、この本を買って読む人がどれほどいるだろうかと気になった。

第一巻から第四巻まで共通して、①家庭および私生活、②社会生活、③腐敗した生活の三つに分類されているが、本文に現れる話のいくつかを紹介するとこうなる。

（娘が好きな科目）

父親：お前がいちばん好きな科目はなんだい。
娘　：私が一番好きな科目は数学です。
父親：ほんとうかい？　そうならお父さんはうれしい。

娘　：うん、うちの数学の先生は授業時間にいつも外出するから。

（勇敢と決断）

将校：勇敢と決断はどう違うのか。
兵士：脱営行為というのは勇敢だと思います。
将校：では決断とは？
兵士：ふたたび兵営には帰ってこない決心を固めて、そのまま行動することをいいます。

（ネズミを撲滅すれば）

ある宴会でロケット専門家が興奮した口調で友だちに宣言した。「初めてわれわれは数匹のネズミをロケットに載せて星の国に送ります！」。この言葉が終わる前に、ひとりの婦人が彼の言葉を遮った。「そのようにネズミを撲滅すれば、たくさんの費用がかかるじゃないですか」

（酒を飲んでの物乞い）

通行人が物乞いする乞食にたずねた。「お前はどうして物乞いするのかね」「物乞いして酒を飲むのです」「それならどうして酒を飲むのかね」「酒を飲めば勇気が出て物乞いができるからです！」

比較的面白いといえるものでも、この程度だった。

（『本と人生』二〇〇三・五）

9　もうひとつのユーモア

西洋のユーモアでは、政治的ユーモアやブラックユーモアが主流であって、例を挙げるとこんな具合である。

旧ソ連のゴルバチョフ首相は五四歳の若さで共産党の書記長に就任した。七〇代の老人ばかりがうようよするソ連支配層の平均年齢を考えれば、とても斬新なことだった。あるアメリカの記者がゴルバチョフにたずねた。「書記長、あなたは党でも最も急進的だといわれていますが、それでも閣僚を指名するときには、あなたを支配している強力な支持者と協議しなければならないのですか？」

「なんだって」ゴルバチョフが答えた。「こんな時期にうちの家内の話を持ち出さないでくださいよ」

「こんど『プラウダ』紙が、政治ジョークコンテストをするというのですが……」

「そう？　一位の賞はなんだって？」

「そりゃシベリヤ流し、どう」


モスクワ大学の著名な教授が遠からず国費による惑星旅行が可能になると熱弁をふるった。

「われわれは火星にも、金星にも、冥王星にも旅行できるようになります」

ひとりの学生がたずねた。

「それではアメリカにはいつごろ、自由旅行が可能でしょうか？」

もちろん「ソ連」時代のお話。


ヒットラーがある日、占いをみてもらいに行った。

「私はいつ死ぬでしょうか？」

「それは、ユダヤ人のお祝いの日でしょう」

「どうすればそれがわかりますか？」

「はい、いつ別世されるのであれ、その日はユダヤ人のお祝いの日になりますから」


ユーモアと風刺は東西に共通点があって、たとえば批判精神、冷笑、誇張、逃避、反転などが必須的要素となっている。私が買ってきた『世界のユーモア』にも、そんな要素を備えた話がたくさん収録されている。北韓で『世界のユーモア』なる本を買ったことは、明らかに追憶の切れ端になるもので、社会主義圏ないし北韓で認められるユーモア、風刺の巡礼に紛れ込んだのもまた一風変わった体験となるのである。

（『本と人生』二〇〇三・五）

10 胸像の来歴

東学農民軍《トンハクノンミンクン》指導者の胸像除幕式（二〇〇二年一〇月一一日）、全州《チョンジュ》歴史博物館で開かれたこの行事は、その胸像の主人公と関連したいくつもの顚末が秘められていた。頭蓋骨だけを土台にして（写真も、肖像画もなく）復顔術の力を借りて生前の顔を復元した点でも、かなり珍しい胸像だった。

まず遺骨にまつわる事情を説明するとおおよそこうなる。

一八九六年九月のある日、とある日本人が全羅南道の珍島《チンド》から東学農民軍指導者のものと思われる遺骨（頭蓋骨）を運び出していった。それから百年が経過した一九九五年八月のある日、その遺骨が北海道大学の標本室で発見された。

私はその事実を知って東学農民革命記念事業会理事長の資格で、日本側に遺骨の返還を要求し交渉を重ねた結果、翌年の九六年五月三〇日、その遺骨を韓国に奉還し全州で鎮魂式を執り行った。

私は北海道大学で開かれた奉還式の告由文と韓・日共同記者会見を通じて、日本側の遺骨搬出を強く批判し謝罪を求めた。これに対して日本側は北海道大学文学部長の灰谷慶三教授が遺骨調査責任者である井上勝生教授とともに奉還団に従って韓国にやってきて、全州で開かれた鎮魂式の席上で謝罪文を朗読し正式に謝罪した。彼は「人の遺骨をそのようにむやみに運び出し、長い歳月のあいだ放置したことに対して深い責任を感じ謝罪する」と述べた。

北海道大学で挙行された奉還式で、私が「日本の国立大学で意図的に進められた遺骨の収集・放置に対して日本政府は謝罪しなければならない」と要求した水準には及ばなかったが、日本人が韓国にきて公開の席上で謝罪文を朗読したのは前例のないことだった。

この悲劇の主人公は誰なのか、その名前の三字は明らかになってはいないが、彼が東学農民軍の指導者だった身分だけは確実であり、全琫準《チョンボンジュン》将軍の虚墓［空の墓］や特定も覚束ない無名の農民軍の墓を考えれば、この遺骨は実体が明らかな唯一の遺骸になるわけで、その意味は決して少なくないと思われる。

ところで胸像を除幕する席で、誰かがこんなことをいった。

「われわれは日本人のこの遺骨搬出に怒り非難し、謝罪を求めているが、もし日本人が遺骨を持って行かなかったとしたら、いまわれわれの前にはあの遺骨はなく、今日の胸像除幕式もなかったのではないか。この農民軍の遺骨も珍島でなくなっただろう。また遺骨の身元が書いてあった付箋がなかったなら、この奉還問題もなかったのではないか」

もちろん、これは逆説的な話であり、決して植民地肯定論ではないが衝撃的だった。ともあれ、東学農民革命当時、戦死したり処刑された農民軍の遺体をきちんと安葬せずに路上や山野に放置したまま消滅してしまったことを思うと、いっそう惨憺たる思いにとらわれる。いまからでもわれわれは甲午年農民軍の名誉回復と墓域造成などに取り組むことによって、恥ずかしい後裔の道理を果たさねばならない。いまだに彼らは「逆賊」とされている。心安らかに休む幽宅がなければ、この農民軍胸像の前での追慕に何の意味があるというのだろうか。

（『本と人生』二〇〇二・一二）

11 「東百事」の思い出

「東百事《トンベクサ》」というのは、東学農民革命［一八九四年に発生した大規模な農民反乱］百周年記念事業会の略称で、（社団法人）東学農民革命記念事業会の別称である。だからこの文章のタイトルをみて読み方・発音が似ていても、「冬柏《トンベク》（椿）寺《サ》」に行った思い出話と誤解しないようにお願いしたい。

特定の者がある社会団体長のポストを一〇年もやっているのは、決して自慢になることではない。選出職をなんども歴任するようになれば、理由を問わず新鮮味がなくなってしまう。それは他人事ではなくまさに私自身の処身のことである、となると私は明らかに誤ってしまった。今年の一月末まで一〇年間も（社）東学農民革命記念事業会の理事長職をやってきたのだから。

そうなのだ。一九九三年七月、記念事業会のスタートと同時に、理事長に就任したときは一〇年の長期執権（?）になるとはまったく予想もしていなかった。記念事業会が全州にあるため、ソウルに住む私は引き受けられないといったが、最初は名前だけを貸してくれということだった。それがだんだんと拡大して、顔だけ→時間を少し→頭（知恵）を少し→運営資金・事業費集め→というふうに発展していった。そんななか東学農民革命がわが国の現代史で占める意味と重みというか、その精神を継承・発展させねばならないということになり、一〇年という歳月を及ばずながら駆けまわってきた。

就任して最初にやった仕事は、東学農民革命百周年記念行事の準備だった。その頃はまだ「革命」ではなく「東学の乱」と認識され、不穏視する空気が残っていたので、事業をやるのも大変だった。ある種の忌避傾向によって運営上に必要な資金を集めるのが難しく、市民の参加もきわめて低かった。とりわけ公職者たちの態度は冷たかった。こんな秘話もあった。

当時の全羅北道知事に、農民軍の全州城入城日に合わせて行う東学農民革命百周年記念式に参席し、祝辞を述べてほしいと要請した。すると回答はこうだった。

（農民軍が全州に入城する前に、全羅監司が逃亡した事実を頭に浮かべたらしい）「いまの言葉でいえば道知事が反乱軍に追われて逃亡した事件なんだから、私がどうしてそんな行事に出かけて祝辞をいえるかね」

なるほど、そう考えることもできるだろうが、私はひと言つけ加えた。

「いまの政府が腐敗と虐政で国民の恨みを買い、農民軍に追われもした百年前のそんな政権と同じだったら、この行事に出てくる必要もないでしょう」

その後、知事は記念式場の壇上に姿をみせ前例にない祝辞を述べてくれた。そればかりか、同席した警察庁長は大韓民国万歳と東学農民革命万歳の音頭をとった。こうした光景は主催者側や参加した市民たちに意外の感じを与えるのに十分だった。全羅北道と全州市からいくらかの行事費支援を得たのも異例のことだった。こうして一般人の脳裏に「東学の乱」は、初めて「東学農民革命」として整理づけられ、最近の言葉でいえば「合法空間」を広めることになったのである。

その後に開かれた「東学農民革命の東アジア史的意味」を主題に掲げた国際学術会議（二〇〇一年五月三一日〜六月二日）の際には、大統領の映像祝辞、教育副総理と文化観光部長官の現場（全州）祝辞まであり、国家レベルの格式高い公認行事のようになって、むしろ控え目にと心がけるようにまでなった。

（『本と人生』二〇〇四・三）

12　馬が稼ぎ出した金

市民運動団体にとって共通の隘路は資金問題である。資金がなければ組織や事業は絶対に活性化できない。だから資金調達は大きな課題なのだ。東学農民革命記念事業会もその例外ではなかった。理事長である私としては重荷だった。私は「マネーマネー（何々）言っても、マネー（資金）がなければ話にならない」と、冗談を交えながら資金調達と実践に力を傾けた。

政府や地方自治体がくれる支援金は、名目的なお飾りでしかなく、ほとんどは外部協賛金に頼るしかない。だが記念事業会の性格上、企業はいつも冷淡である。それでも韓国馬事会から援助を受けたのは記憶に残っている。大きな金額だったとか、気持よく出してくれたとかいう意味ではない。人が稼ぎ出した金はもらって使うことはできずに、馬が稼ぎ出した金で事業をやることになったからだ。後日、別の用件で馬事会に招かれて行き、構内食堂で昼食のもてなしを受けたとき、私は次のように感謝の挨拶を述べた。

「これまで数多くのもてなしを受けてきましたが、馬が稼ぎ出した金でもてなされるのは今回が初めてです」

空手だけで資金を集めようとするのも恥ずかしいので、自前の「基金募集書画展」を開いたこともある。これも作品を受けとる段階や作品の販売過程で、大勢の篤志家に訴えねばならないのは同じだった。こんなこともあった。金大中先生の作品をぜひ手に入れたいというので、訪ねていき書いてくださいとお願いをした。せっかくの機会だからと二点をお願いすると、そのとおり希望を聞き入れてくださった。高価で売れるだろうと実務スタッフは目論んだが、一点だけ売れてもう一点は残ってしまった。このような場合、たいていは予定価格よりもはるかに低い金額で処分（売り払う）するのが通例だが、われわれはそうはしなかった。その年（一九九七年）暮れの大統領選挙で（ひょっとして）ご本人が当選さえすれば、作品価格が大きく上昇すると期待感ないし投機心理（？）が作用したからだ。

金大中先生の当選確定ニュースを聴いて私はひどく嬉しかった。民主勢力の勝利だとか、水平的権力交替の達成などとの大げさな喜びにも増して、「大統領の作品」となった残りの一点を高価で売ることができるという打算が働いたからだった。果たしてその絵は高額で売れ、記念事業会の資金調達の一助となった。

また当代の書家である剛庵《カンナム》 宋成鏞《ソンソンリョン》先生のお宅にも訪ねていき、どうか作品を書いてくださいと懇請をした。先生はいつも私を可愛がってくださる方なので、基金募集書画展の趣旨に快く賛同してくださると思ったが、そうではなかった。朝廷に反旗を翻した東学農民軍の乱を肯定するのは、儒生の道理に合わないという趣旨の意見だった。漢学と書芸に通じていられる旧韓末のソンビ（儒生）としては、そうもいえるだろうがと思いながらも、意外との感じはしばらく消えなかった。

ともあれ、あれこれの努力をしていくらかの基金を準備できたが、望外の収入金も生じた。たとえば全琫準将軍の生涯を扱った音楽劇「天命」の光州、全州公演（一九九九年一月）、東学農民革命一〇九周年記念マラソン大会（二〇〇三年六月）は、膨大な費用負担の心配とは別に、かなりの収入金を手にする契機になったりもした。

（『本と人生』二〇〇四・三）

13 鎮魂の歴史学

日本のある大学の標本庫に放置されてきた東学農民軍指導者の遺骸（遺骨）を、韓国に奉還してきたことが忘れられない。

偶然に新聞で読んだ記事のある部分が端緒となり、それがなされたのだった。「東学の乱首魁の遺骨」と書かれた付箋のついた頭蓋骨が、北海道大学の標本庫の古い紙箱のなかで発見されたとの報道だった。私はその大学の文学部長という方と電話で話し合ってから、現地に渡り遺骸の返還を求めた。韓国で東学農民革命記念事業会、東学農民革命遺族会、そして天道教側が共同で東学農民軍指導者遺骸奉還委員会を結成し、日本側と話し合った結果、一九九六年五月三一日に、遺骸を国内に奉還することになった。

その遺骨は一八九六年に、佐藤政次郎という日本人が全羅南道珍島で「採集」した「東学党首魁者のもの」と判明した。それから百年もの間、日本で放置されてきたが、偶然に目にとまり還国することになったのだ。そうしたいきさつは、たまたまその遺骨が収められていた紙箱に筆書きした付箋紙がつけられていたので確認できた。いうなれば日本人の記録癖のお陰（？）だったといえよう。

遺骸奉還式はその年の五月二九日に、北海道大学の小講堂で挙行された。大学側は誠意を尽くして祭壇をつくり、総長をはじめ教授たち大勢が参席した。私は奉還委員会の代表としてあらかじめ準備してきた告由文を読んだ。そこで私は「日本の国立大学で意図的になされたと思われる遺骨の収集・放置に対して、日本政府は反省し謝罪しなければならない」と主張した。大学の灰谷慶三文学部長は、かつて日本の大学で植民地支配を正当化する植民学・人種論などを研究したことと、遺骨を放置してきたことに対して謝罪した。そのとき遺骨事件の大学側調査委員だった井上勝生教授は、後に全州で開かれた「東学農民革命国際学術大会」(二〇〇一年五月)に参加し、主題論文報告でこの問題についてふたたび言及した。

北海道大学の二人の教授は、韓国人に謝罪をしたいと思うが、どのような形式がいいだろうかとたずねてきた。私は韓国に一緒に行ってはっきりした謝罪文を公式行事の場で朗読するのが望ましい、あいまいな言葉だけをくり返す日本政府のようではなんの意味もないといった。かれらはこれに肯き、奉還団とともに韓国にやってきて全州で開かれた鎮魂式で、準備された謝罪文を朗読した。たぶん、これが解放後の日本人の公式文書による謝罪第一号だったかもしれない。灰谷教授は学生時代に学生運動のリーダーで、井上教授は日本現代史専攻の進歩的研究者だったので、このようなことができたのだろう。まさにこうした姿勢と謝罪のゆえに、彼らは大学内外で批判されたという話を後にきいた。

先の国際学術会議で発表をした鄭昌烈《チョンチャンリョル》教授の論文に、こんな一節がある。

「韓国近現代史の波瀾万丈の節目に、生き残っている今日のわれわれにはこうした英霊たちを慰める鎮魂の歴史学を成し遂げる義務があると思います」

そうなのだ。「鎮魂の歴史学」、この言葉は私にとても大きな感動を与えた。いまだに安眠することもできずに、天空を彷徨っている大勢の霊魂のために、われわれは「鎮魂の歴史学」を頭脳と現実にともに刻み込まねばならない。

（『本と人生』二〇〇四・三）

14 『日本と韓国・朝鮮の歴史』

『日本と韓国・朝鮮の歴史』（高文研、二〇〇二年）の著者・中塚明教授が、寄贈本の見返しに挟んで送ってくれた便箋には、こう書いてあった。

「（前略）昨年の歴史教科書問題を契機に、日本人の韓国・朝鮮観を糾すために、新しい本をつくりたいと考え、正確でありながら平易に書こうと努力いたしました。昨年、全州で開かれた〝東学農民革命国際学術大会〟で多くのことを学び、この本にも反映させました。（中略）韓国・朝鮮の真の平和と友好のため、今後も微力ですが最善を尽くしたいと思います」

著者の学者らしい良心と暖かい情がこもった内容だった。

さらにその本の帯には、こう書いてあった。

「無自覚のうちにも偏見と誤解に虫食われた歴史観を克服し、事実にもとづく歴史認識を〝国民的常識〟とするために、日朝関係史の第一人者が古代から現代までエッセンシャルな事項を選んで、平易明快に説いた入門書！」

私が著者に初めて会ったのは一九八五年、東京で開かれた韓日両国の知識人の会合だった。そのシンポジウムで彼は「乙巳条約の今日的問題」という論文を発表し、軍事的威嚇のもとに締結された乙巳条約［一九〇五年、日本が韓国の外交権を奪い保護国化した条約］の解釈問題にまで該博にも言及した。日本の韓国侵略責任を強く主張する彼の姿勢に私は感動し、その後は互いに文通を続けてきたのだ。

彼は韓日関係史分野で精巧な論証をともなう研究業績を積み重ねてきた。とりわけ日清戦争の発端となった日本軍の「朝鮮王宮の占領」が日本政府の発表とは異なり、現地の日本公使館と日本軍が緊密な陰謀を巡らして、計画的に引き起こした事件であることを、日本陸軍参謀本部の記録によって論証し注目された。

こんどの本でも日本の対韓侵略・支配と関連した日本側の歪曲された歴史記述に反駁し、さらに日帝の罪悪性を克明に認めることで、日本の誤った歴史教育を問題視している。

著者は一八九四年に起こった東学農民軍の全国的な抗日闘争についても、該博で正確な記述をしている。彼は昨年、東学農民革命記念事業会が主催し、全州で挙行された「東学農民革命の東アジア史的意味」というシンポジウムに参加し、主題論文を発表し、当時の日本側派兵の不当性を積極的に明らかにしている。

それればかりか、ちょうどその頃大きな問題となっていた日本の歴史教科書の歪曲問題に対しても、韓国・中国・日本三国の参加者全員の名義で、糾弾声明を出すのに彼は先頭に立った。

いくら事実だからといっても、被害当事国の知識人たちを糾合し、自国の過誤を激しく批判する決議を先導するのは、どんなに心苦しいことだったろうか。ショービニズムに浸り誤った「愛国心」よりは一次元高い、彼のもうひとつの「日本愛」が感知できる出来事だった。

中塚教授は昨年も『歴史家の仕事』（高文研、二〇〇〇年）と『歴史の偽造をただす』（高文研、一九九七年）という二冊の著書を送ってくれた。彼は「人間はなぜ歴史を研究するのか」との問いを絶えず提起し、誤った日本式定説を覆す勇気を発揮してきた良心的碩学である。

（『本と人生』二〇〇一・九）

第五章　海外手帖

1　ハーバード大学

私がハーバード大学（ロースクール）を出たという事実を知る人はほとんどいない。私自身も、履歴書や自己紹介文にそう書いたことは一度もない。しかし、いまのような世の中でどうして嘘をつけるだろうか。私がハーバード大学に入ったのはほんとうで、出たのもまた厳然たる事実なのだ。証拠となる写真もあり、証人になってくれる人もいる。ソウル大学のC教授とソウル高等法院のO判事がその人である。一九八八年の春、小雨のそぼ降る日の午後、私はハーバード大学の門をくぐり、四時間後にはまちがいなくそこから出てきたのだ。

その日は、アジア研究で世界的に有名な燕京研究所で講演と討論をしたのだから、ただ見物だけをして出てきたのではなかった。

このようにハーバードという名門大学の話を持ち出したのは、第五共和国以降、特定地域と特定学校の出身者の勢力が強まっていると思うからだ。いまの内閣はKS［京畿高校・ソウル大学］出身者が最も多いとか、TK［大邱・慶尚北道］出身者を努めて減らしたとか、しばしば学閥と地縁が論じられているのをみるにつけ、名門大学出身の出世主義という虚像を考えてみたい。良い大学に入って磨いたすぐれた頭脳と知識をどれほど正しく、誰のために使っているかを点検してみる必要がある。大統領と同じ学校の出身者が天下の要職を同窓会理事ぐらいに考え、独り占めする現象をみるとじつに嘆かわしい。

それがどんなにひどかったかは、その学校出身の政治家のひとりが「私はK高校を出たことを恥ずかしく思う」と同窓会の席上で語ったほどなのだ。そうした要職の独占を楽しんでいる執権勢力が、口を開きさえすれば「地域感情の解消」云々と唱えているのだから、その厚かましさにはあきれ果てる。

私におけるボストンは、ハーバードという名門を出た追憶（?）のほかに、ふたつほどのハプニングを経験したところだ。

アメリカのほかの都市と同様に、ボストンでも道路横断の標識は「WALK」と「DON'T WALK」と表示されていた。私がちょうど車道を渡ろうとすると、赤い色の「DON'T WALK」に信号が変わった。

そのとき私は少しも躊躇せずに堂々と走って道を渡って行った。信号が「WALK」に変わった後に、道を渡ってきたR女史が何でそんなに急いで信号違反をしたのかとたずねた。

「私は信号違反をしていないですよ。"DON'T WALK"という赤い字が出たので、歩いてはいけないと思って走って渡っただけなんです」

トイレの入口に「MEN」と書いてあるのを見て、独りで入ってはいけないと思い、しばらく立っていたりもした。このように私は、正確な（?）英語の実力と遵法精神をハーバード・スクエアの真ん中で遺憾なく発揮したのだ。

国家保安法のなかでも（反国家団体またはその構成員への）讃揚・鼓舞・同調罪は毒素条項の代表格とみられている。北韓の実情や主張に少しでも肯定的な態度を示せば、讃揚・鼓舞・同調になるという判決を見るにつけ、裁判官たちの国語の実力は、ボストンで私が発揮した英語の実力のごとく、正確であるらしいが実は間違っているという事実を確認させてくれた。


（『タリ』一九八九・一〇）

2　事情によって

北海道大学で発見された東学農民軍指導者の遺骸（遺骨）を、韓国に奉還する一行と取材陣が、ソウル金浦空港に集結したのは一九九六年五月二七日の午後だった。

私は大韓航空のカウンターに行き、搭乗手続をするために旅券を差し出した。しばらく見入っていた航空会社の女性職員がたずねた。

「旅券の延長手続をされなかったのですか？」

「うん、延長ってなに？」

「旅券の有効期間が切れているのですが」

「えっ?」

まさしくそうだった。一週間前に有効期間が切れているのを知らずにいた。じつのところ日本訪問ビザの有効期間だけは、すでに確認して安心していたのだ。ともあれ大変なことですっかりあわててしまった。

私は奉還委員会の委員長で、奉還団の責任者であるばかりか、これまで北海道大学を訪問するなど、日本側との交渉をほとんどひとりでやってきたのだった。

私が行けなくなったと旅券の話をしたら、一行はひどく困惑した表情になった。

われわれは首を揃えて対策を考えた。みんなは予定どおり飛行機に乗ることにするが、委員長である私が行けなくなった理由を日本側になんと説明するかが問題になったのだ。

「健康状態が良くないというのはどうでしょう」

「裁判で急を要することが起きたというほうがいいのでは?」

聞いていた私はふたつのアイデア(?)を受け入れなかった。

「それはつまり嘘をつくことなので、とうていそうすることはできないよ。だけど旅券の話を事実そのままいうのは恥ずかしいから、こう言いなさいよ。事情によって一緒にこれなくなったと。それなら嘘をつくことじゃないから」

一行と別れて市内に戻ってきたが、ほんとうに当惑させられ困り果ててしまった。三日後にはソウルに奉還団が帰ってくるので、なんらかの手を尽くしてその前に旅券を新たにつくってもらわねばならない。夜のベッドでもあれこれ思いを巡らせた。

翌朝、出勤時間に合わせて私は外務部旅券課に行き、ひどく難しい過程をへて昼の一二時三〇分に新しい旅券の発給を受けた。奇跡みたいな話だった。安全企画部の身元照会まですべて終えてのことだった。前例のないことだと担当課長もいっていた。

私はその日の午後四時発の航空便で飛び立った。一日遅れで現れた私を迎えた一行は喜びかつ驚いていた。

東学農民軍遺骨調査の日本側の主役である井上教授に謝り、「事情によって昨日はこられませんでした」というと、彼は「そうですか、事情によってとのお話は昨日うかがいましたが、どんな事情なのか聞き返すこともできないので心配していました」。

こう語りながらも、なんの事情なのかと私に問いつめないのは、やはり日本人らしい礼儀なのだった。私は自白（?）をした。

「じつは旅券の有効期間が切れていたのを、空港に行って手続きをするときにわかって……」

彼は「えっ！」と大笑いをすると、間をおかず「それでどうしてこんなに早く来ることができたのですか?」とたずねる。

「ええ、それもみんな事情がありました……」

こうして東学農民軍指導者の遺骸奉還は予定どおり進行した。

北海道大学の講堂で厳かに儀式を執り行い、ソウル金浦空港で帰国告由式を、天教道会館で慰霊祭を挙げた後に、全州で鎮魂祭を挙行した。

（『本と人生』二〇〇二・一二）

3　寒帯紀行――オスロとストックホルム

私がスウェーデンに行ったのは二回で、みんな冬だった。昨年もそうで今年もそうだった。寒い国にどうして寒い季節に行くのかとたずねられたが、北緯六〇度に近い地域とはいえ、わが国との温度差がそれほど大きいわけではない。昨年の冬は旅立つ直前に、インターネットで先方の気温を調べてみると、わずか一、二度の差だったので、厚いオーバーの代わりにバーバリーコート（通称）を着て出かけた。

そのときは金大中大統領へのノーベル平和賞授賞式に参席するため、ノルウェーの首都オスロに向かった。大統領専用機の一行と合流すると、一〇時間を超える飛行距離を退屈もしらずに飛んでいった。オスロ市庁の講堂で開かれたノーベル平和賞授賞式は感激に満ちたものだった。ノルウェー国王、王妃、家族が壇上ならぬ壇の下に用意された席に座るのをみて（どんなに王の権勢がないにしても）意外に思った。

学生たちの祝賀公演は授賞式が挙行されたまさにその場ではじまった。初等・中学・高校の生徒と大学生たちがそれぞれグループになり、歌と踊りをくり広げるのだが、わが国の「一糸不乱」に比べると締まりがないようにみえた。だが私にはそれがかえって自然で自由なものに感じられた。われわれのように何日も費やして厳しい練習を重ね、機械みたいな動作はしないという話である。もちろん、その後に別の場所で開かれたプロの祝賀公演はまったく異なっていた。

天下のノーベル平和賞授賞式場に、看板や懸垂幕がひとつも下がっていないのも不思議に思われた。つまらない行事にもごたごたとなにやらぶら下げ、視野を妨げる韓国とはあまりにも対照的だった。

今回は「国際行動のための議員連合」という団体が、金大中大統領に授与する「民主主義守護者賞」を代理として受け取るためで（授賞式は二〇〇二年一月二五日）、はるばるやってきたのだった。

ストックホルムに到着した翌日（一月二四日）の午前、まず訪問したのはスウェーデン法務部知的財産局だった。出国前にあらかじめ約束していたとおり、知的財産局専門委員のラガー（Lager）女史が歓迎してくれ、スウェーデンの著作権状況に関して一時間以上にもわたって意見交換をした。著作権を学ぶ者としてはとても有益な時間だった。ストックホルム高等法院長を務めたオルソン（Olsson）博士が、専門委員の立場で同席してくれた。

続いて訪ねたのは「民主主義と選挙支援のための研究所」という団体。セダバーグ（Sve-Sderbergh）事務総長は、一年前の韓国訪問のときに金大中大統領に会ったことがあり、韓国のある団体の招請で遠からずまたソウルを訪ねる予定だという。

二五日午前にはアレニウス（Ahlenius）スウェーデン監査院長を表敬訪問した。世界監査院長会議などで顔見知りだったので親しい雰囲気になった。

とても地味な装いの「おばさん」院長は、握手が終わるやいなやテーブルの上に子どものおもちゃを取り出すのだった。前年秋の韓国訪問のときに孫へのお土産に買ったところとても良かったので追加注文したという。

いろいろと話を交わした後、こちらは初めてですかとたずねるので、昨年の冬にもノーベル賞授賞式に参加し、帰途こちらにも立ち寄ったので二度目だといった。

「寒いところになぜ冬にだけいらっしゃるのですか。つぎは五、六月頃にいらっしゃい」

確かに彼女の言い分は正しい。だが私なりの事情があっていうべきこともあった。

「わが大統領は国際的に大きな賞をいつも冬だけに受けられるので、私としてはどうしようもないのです」

（『本と人生』二〇〇二・三）

4　メキシコ型（？）タクシー強盗

メキシコ合衆国の首都メキシコシティの人口は、驚くべきことに二二〇〇万名を数える。ラテンアメリカ最大の都市らしく行く先々に人があふれごった返していた。道々は人波で盛り上がり「わいわい、がやがや」という表現が似つかわしい、無秩序の自然らしさ（？）を味わうことができた。

五月初旬だったのに、ソウルの真夏みたいな炎天はアメリカからの強行軍なので苦しかった。

メキシコの治安が乱れているとの話は、初めて行く旅行者の気を重くさせる。同時に「そうか、それならどこかで一度お目にかかってみるかな」という好奇心混じりの決心（?）をかき立てられる。

現地の治安状態を考慮し、宿所はアメリカ大使館のすぐ隣のホテルを予約したとの伝言をうけて独りで苦笑いした。ホテルに着くと果たしてそのとおりで、アメリカ大使館の前にはデモや緊急事態に備えるための障害物がどっしりふんぞり返っていた。

街にはグリーンのフォルクスワーゲンタクシーがたくさん走っていた。メキシコにフォルクスワーゲンの生産工場があるので、その車種が目立つらしい。

ところが現地公館の説明では、このグリーンタクシーで強盗事件が頻発しているというのだった。お客がタクシードライバーを襲う正統型（?）とは異なり、ドライバーがお客を襲う強盗に急変するというのである。

続いてタクシー強盗人情論が出た。メキシコの強盗たちは被害者が持ち金さえあっさり差し出せば、絶対に身体に危害を加えることはなく、笑いながら握手まで求めてくるという。そればかりか、襲われた者が帰宅する交通費がないというと、「そうか、じゃこうしよう」と、奪った金の一部をあっさり返してくれるというのだ。

そんな話を聞かされたので、私も答礼を兼ねて韓国の珍しい「交通費の物乞いケース」を紹介することにした。

ある若者がタクシー乗り場に立っている美貌の女性に「交通費を少し恵んでくれませんか」とせがんだ。するとその女性は意外にも柔らかな微笑を浮かべ、優しげな口調でたずねた。「あのー、いま少し時間がありますか？」。その若者は女性の思いがけない申し出に感激のあまり「はい、時間ならいくらでもあります」と答え、ぼーっとしてしまった。すると返ってきた女性の言葉、「それじゃ、タクシーには乗らずに歩いて行きなさい！」

（『本と人生』二〇〇二・八）

5 胡錦濤国家副主席に会う

私が胡錦濤《フーチンタオ》中国国家副主席（現在は国家主席）に、北京の人民大会堂で会ったのは一九九八年九月一一日だった。ASOSAI（アソサイ＝アジア最高監査機構会議）理事会に参席し、最後の日程まで終えた翌日だった。会議期間中、私は韓国・中国・日本の監査院長会議を主宰し、不正腐敗対策プランの共同研究を提案し、中・日両国の賛同をえた後に、送別宴で参加者を代表し答礼の挨拶までしたので気持が軽くなっていた。

中国審計署からわが一行を引き受け（?）た中国監察部は、その日私たち夫婦を元首級国賓の宿舎である釣魚台迎賓館に案内した。過分な宿舎だという感じがした。そして当日、胡錦濤副主席を訪ねたのであるが、これも何勇監察部長の力が効果的に作用したものと思われる。

私は韓国を離れる前に、金大中大統領から託された挨拶の言葉を伝え、続いて先日の大洪水の際に、人民解放軍が身を挺して災難を防ぎ、人命救助に当たった場面をテレビで観て大きな感銘を受けたという話をした。特別なテーマや懸案事項はなかったので、写真を撮り握手を交わす表敬訪問程度と考えていたのに、別れて出てきて時計を確かめてみたら、いつの間にか五〇分を超えていた。同じ人民大会堂の中で催された何勇監察部長主催の晩餐場に出かけながら、一行中の誰かが記者たちには一時間会ったといおうといったので、ほかの随行員が三〇分会っても一時間と法螺を吹く政治家がいるので正確に五〇分とするのがいいといった。

じつは胡錦濤副主席には以前の訪韓の際に、ロッテホテルで挨拶をしたことがあったが、明晰で丁重な印象がその人物像をさらに大きくしていた。彼がしばらく前に中国共産党の総書記となり、まもなく国家主席という最高指導者の席に就いたのだから喜ばしい。

それから地方視察のスケジュールに移った。そこには西安と広東も含まれていた。中国監察部の高位職が同行（随行？）したためか、行く先々で過分な儀式と待遇があった。ある都市では何人かの警護チームが〝人〟の字の形に取り囲んで前に進むので、通行人や観光客がいぶかしげな目でわれわれ一行を眺めたりもした。もっと驚いたのはわが一行を乗せた車両が通過すると交通が完全に遮断され、「無人之境」を走ることだった。最上級の礼遇に感謝するよりは当惑させられ、内心は心苦しかった。

食事の接待はやはり中国的だった。中国側の参席者がかなり多く、それにも増して料理の品数が多いのに驚かされた。みんな美味しい中華料理ばかりで、妻が「おつゆがとてもおいしい」というので、私は注意を与えた。「ソウルではそんなことを言ってはいけないよ。監査院長夫人がおつゆ［クンムル、「余得・役得」と発音が同じ］が好きだという噂がたったら、私の立場はいったいどうなると思うかね」

（『本と人生』二〇〇二・一二）

6 ホー・チ・ミンの遺訓

中国南部の地方都市をふたつほど回ってから、ベトナムのハノイへ行った。よくするようにホー・チ・ミン大統領の墓地の参拝に続いて戦争博物館を見物した。

対フランスと対アメリカの戦争で連続して勝利し、祖国を守ったベトナム人の自負心は大変なものだった。建物の玄関の前でわれわれ一行を迎えた館長は、現役軍人の服装をしたまま敬礼をした。彼はアメリカとの戦闘で大きな功績を挙げたと自己紹介をし、胸を飾る各種の勲章と記章を自慢げに指し示した。

記念館内部には実物、模型、写真などが素朴ではあるが迫真感をもって展示されていた。北韓に留学したというベトナム政府の通訳は上手とはいえなかったが、ひたむきさには感心させられた。

対フランス戦で大勝したディエンビェンフーの戦闘では、大砲を山頂に引き上げてから低地帯のフランス軍に向かって砲撃を加えたという。そのいきさつを通訳するとき「山の頂から下に砲を放つと、フランス軍がとても遊びました」と意気揚々と語った。「とても遊びました」は、「とても驚きました」とすべき部分である［韓国語の〝驚く〟と〝遊ぶ〟の発音が似ているので使い分けができなかったことを指している］。勝ち戦の説明があまりに長ったらしいばかりか、ひどく蒸し暑くもあったので、私が「それじゃあちらのアメリカと戦ったところで、また遊んでみましょう」というと、少しも笑いもせずに歩みを移すのだった。

翌日（九月一七日）の午前中にはベトナム総理部庁舎に、ヌエンタンチュン・ベトナム第一副首相を訪問した。彼は庁舎の玄関まで出てわれわれ一行を出迎えてくれた。慣例に従ってテーブルの両側に両国代表団が向き合って座ると、先方の歓迎の挨拶があり、つぎに私が答礼の言葉を述べた。このとき私は前日、書店を回って買い求めたホー・チ・ミン評伝の一節を引用した。

「偉大なホー・チ・ミン先生は次のように遺訓を残されました」

この言葉が放たれるとベトナム側参席者が機械のように姿勢をただし、緊張した表情をつくった。それほどホー・チ・ミン大統領が絶対的な存在であり、崇められる国父であることをはっきりと知ることができた。

「ホー・チ・ミン先生は『私の願いは自主的で統一されて民主的で、繁栄した祖国を建設することです』といわれました。いま貴国はホー・チ・ミン先生が望まれた自主的統一国家を成し遂げられ、いまでは繁栄した国を建設する段階にいたっています。まさにこの繁栄のための経済建設に韓国企業が大きな役割を果たすことができるように、諸条件を整えてくださるようにお願いいたします」。

ホテルで少しばかり読んだホー・チ・ミン伝記の一節を少しばかりメモしておいたのだ。ホー・チ・ミンのように、絶対的に崇められる民族の指導者がわれわれにはいるだろうか。

（『本と人生』二〇〇二・一二）

7 時間

われわれは何ごとにも慌ただしい。ゆったりした毅然たる気性を「六・二五」〔朝鮮戦争〕体験のために失ってしまった。日常的なことの例でも、エレベーターのドアが閉まるのを待てずにボタンを押す（開閉ボタンは英語表記になっている場合が多い。なぜハングル表記ではないのか。英語を知っている者だけがエレベーターに乗るわけではないのに）。

私たちは食事もたいてい速戦速決だ。食堂に行って注文し、少しの時間を待っただけでうるさく催促をし、食事が出てくると一瀉千里である。

外国の人びとの風習はわれわれとは違っているようだ。食事の時間をたっぷりかけて楽しみながら食べる。スペインでも昼食時間は普通二〜三時間くらいだという。じつに気楽にのんびり食べていた。ここには言葉だけで知っていた「食べる文化」（?）のようなものがある。

どのくらい食事の時間が長かったのか、「スペイン人と一緒に食事を済ませた途端、空腹を覚えた」という話まである。せっかちと勤勉さとはもちろん異なるが、ときにはそれを仕分けするのに骨の折れる場合もある。長期的な見通しと怠惰は必ずしも同じではない。

ヨーロッパの建築物、とくに聖堂などは百年以上もかけて建てたものがあるかと思えば、一八八二年に着工されたバルセロナの聖家族《サグラダ・ファミリア》教会のようにいまだ工事中で、竣工は今後百年かかるか、二百年かかるかわからないものもある。

こうした長い工事期間は工程と技術的な理由にもよるが、それよりも彼らの心のゆとりをよく示している。もちろん、昔は現在のような運搬手段・資材・機械などもなかったので、工期も遅れてしまったのだろう。また、聖堂建立や奉献のもつ宗教的意味が、いまの世の中の実用第一とは異なる一面も認めなければならないだろう。

それにもかかわらず、われわれが学ぶべき点はとても多い。

まずは立案・着工の命令者（政治的または宗教的権力者）が、自分の代に大急ぎで完工させ、わが手で竣工テープを切りたい功名心を抑えたということだ。彼らの継承者も同じだった。彼らが拙速ではなく目前の打算から超然として、ことを企てた点は模範とすべきである。

けれども、なさねばならないことをきちんとしなかったり、かえって他のことをしながらも、時日だけを遅らせる韓国の政治家が、むしろ国民に対してあまりに性急になるなというのは、まったく道理に合わない。彼らは国事の優先順位や緩急を取り違えてたわ言をいっているだけなのだ。事例を歪曲して利用する人間どもを警戒する必要がある。

（『タリ』一九八九・九）

8　聖域

百万部、そうなのだ、百万部も売れる本なら話題になるだろう。まず、その本の著者や発行人が莫大な収入を手にすることができ、その本の内容は読者の心をひく触媒の要素もありそうだ。日本の作家出身の政治家・石原慎太郎氏とソニー会長の盛田昭夫氏の共著『「NO」と言える日本』がまさにそれであり、引き続き今年には『それでも「NO」と言える日本』なる続編が出た。

著者たちは日本がアメリカに対して（これまでとは異なり）、「NO」といわねばならないときに「NO」というべきことを強い説得力で述べ立てた。そればかりか経済的に揺れ動くアメリカに対してあれこれ忠告までしている。世界的な経済大国になった日本の鼻柱の高い傲慢さまでうかがわれるので、この本は当然ながらアメリカ人の反発を買った。最初、本が刊行されるとアメリカではマスコミはもちろんのこと、議会でも激しい糾弾の声が挙がったのである。

二人の著者はなぜ誤訳だらけの（英文）海賊版を読んで、そうなのかと強い不快感を表した。

この本を読むとあまりに右翼的で偏向した視角のゆえに耳障りな部分もあるが、アメリカに対して自主と対等を強調する発想にはうなずける部分もある。

それだけに対米関係において日本よりはるかに自主性の弱い韓国としては、「NO」といえる韓国を指向しなければならない必要性がいっそうさし迫っているのだ。

駐韓米軍の撤収問題、駐屯費用の負担問題、韓国軍に対する作戦指揮権問題、駐韓米軍に対する裁判権問題など、韓国の主権国家らしい独立性と自主性を疑わせる問題が一、二ではない。経済分野においては新植民地論や従属性云々が台頭するほどで、これはいうまでもないだろう。

とくに不思議なことは対米批判を容共・反国家とみなし、刑事処罰までする司法の処理方式である。駐韓米軍撤収を主張したがために監獄へ送られた人は無数にいる。それらはどこまでも論争対象であるだけで、決して処罰の対象ではありえないが、「NO」といえる自由を認めはしなかったのだ。

政府は南韓の軍事力（または兵力）が、北韓に比べて劣勢との主張を機会あるごとにくり返してきた。そのような軍事力劣勢が事実なら、できるだけそれを秘密にしなければならず、とうてい隠しおおせない段階ならば、やむを得ず認めるとの一度の言明でこと足りる。ところが政府がそれを反復強調するぐらい好材料とするところをみると、安保統治と米軍依存の必要性をPRするための言辞らしい。

この五月に出た『それでも「NO」と言える日本』は、日本各地の大小書店で例外なしに最も良い場所に陳列されている。三人の執筆者が受け持って書いた文章は、見出しからして「核のカサで恩を売るな」「独立国家とは言えない日本」「西洋文明の時代は終わった」「アメリカはまず自助努力をせよ」「アメリカは平等社会の国か」などとアメリカを刺激する表現になっている。

この本によれば、アメリカの利益のために日本にやってきた駐日米軍の年間必要経費の四分の一強を日本が負担している事実、これに民有地の地代、騒音対策費、国有地の無償貸与分担当額などを含めると、日本国民の負担は（一九八九年に）四千億円ほどになり、これは在日米軍の年間所要経費の四〇パーセントになるというのだ。したがって「日本の安保無賃乗車」をあれこれいうアメリカの宣伝は虚偽だと立ち向かう。

われわれ韓国人もこうした視角を失わないようにすべきだ。駐韓米軍の費用負担や司令部移転費用などの負担金額がどれほどで、いつまでわれわれの金で彼らを奉らねばならないのかを深く考えてみなければならない。

じつのところ韓国では、米軍の対韓政策に対して「NO」というのに先立ち、韓国政府の対米政策に対して「NO」という自由が保障されねばならない。

対北関係においてももちろん同じことがいえる。権力者が突発的宣言をすれば一歩前進した英断となり、国民の主張は「反国家的」という無理強いはいまやなくさねばならない。

「NO」がはいり込めない聖域をなくすことこそは、それこそ自由と自主を生かす道となるのだ。

（『セヌリ新聞』一九九〇・九・一）

9　ペトロの涙

トレドはスペインの昔の首都らしく、寺院と遺跡と芸術品を誇っていた。

ここで私はエル・グレコの「ペトロの涙」をみた。彼のもうひとつの傑作「オルガス伯の埋葬」と同様に、ちょっと沈鬱で不安な雰囲気が漂っていた。そして両手を合わせて後悔と悲しみに浸ったまま、沈痛な面持ちで天空を凝視するペトロの表情がひどく衝撃的だった。

イエスがローマの兵卒に捕まっていくとき、ほかの弟子たちと同じく、わが身の危険を考えるあまり、オリーブの茂みのなかに隠れてしまったペトロ。それればかりではない。その日の夜、おんどりがときの声を告げる前に三度も、イエスなど知らないと否認したペテロ。

このようにわが身の安全だけのために、一度ならず師を捨てたペトロの処身にいまのわれわれ自身を見出す。グレコの作品に描かれたペトロの表情と涙は、まさに今日のわれわれがなすべき懺悔の原型なのだ。

だが、われわれは容易に懺悔をしない。罪人らしい表情も涙もなしに厚かましく生きていく。さらに憲法と民主主義を破壊し、社会正義と人権を蹂躙し、殺戮と不正をしでかした連中も微動だにしない。つまり、こうした部類の人間の破廉恥で腹黒い表情が、ペトロの顔と二重写しに浮かび上がってくる。

朴正熙氏の維新勢力と第五共和国の主役らが、依然として大手を振るっている現実があらためて嘆かわしく思われるのだ。彼らに「ペトロの涙」の絵葉書でも一枚ずつ買って、これに「あなたはまさに、こうした表情でもしなければならないのではないか」と書き記して送ってやりたい。

何度かの過ちを犯したにもかかわらず、ペトロが偉大な使徒として崇められているのは、ほかでもなく彼の徹底した懺悔と、それに基づく重生［キリスト教で霊的にふたたび生まれ変わること］だったと思う。罪はありながら悔悟しない面々がこの世を支配するかぎり、決して歴史はただされはしない。

およそ芸術とは、専門家だけの批評や特殊な階層の人びとが愛でる対象に留まるものではない。絵画芸術や美術作品も同様だ。（私のように）鑑賞能力のない者にも大きな感動を与える絵画こそ、よりすぐれた作品といえるのではないか。

指さす月をみようとするなら、まず、それを指さす指を見つめなければならない。その指だけを見て私はこの文章を書くわけだ。だが、象の脚に触れただけでも「象に触った」というではないか。

（『タリ』一九八九・九）

10　二律背反

ヨーロッパに駐在している韓国の外交官が語っていた。

「こっそり北韓に行ってきた徐敬元《ソキヨンウォン》議員が逮捕されました。いまソウルでは彼の密出国に対して非難の声が高まっています」

ヨーロッパ行きの航空機のなかで靴下を脱いで、すぐにけちをつけられて噂になった徐議員を思い出して、つい苦笑してしまった。

「ところでヨーロッパの連中は、韓国政府が北韓に行ってきた者をなぜ処罰するのかわからないといぶかしく思っているのですが、実際、彼らに理解させようとすると骨が折れます。わが国の特殊性を説明しても駄目なんです」

もともと「韓国の特殊性」をよく知っている本場のわれわれも理解できないことが多いのに、まして地球の向こう側の人びとに理解してもらうのは容易ではない。いや「韓国の（また別の）特殊性」をきちんと知っていなければ、理解はいっそう難しいのである。

命令と処罰だけに依存する権力は納得させる力を失う。どこまでもわが内部の問題であり、外国が何といおうと構わない――のならいうまでもない。しかし、世界世論とか国際的批判とかを度外視できないのは、最近の中国事態［第二次天安門事件のこと］でもはっきりと証明されている。

南北学生会談を扱った外国のテレビ報道についても外交官はこういっていた。北側では板門店《パンムンチョム》に向かう学生たちを熱烈に歓送していたが、南側では大勢の警察官が学生たちを封鎖し連行していく場面が対照的に現れたというのだ。そのときも北韓側の「戦略宣伝」と南韓側の「避けがたい措置」を理解させるのは大変だったらしい。

韓国政府が民族共同体を強調し、さらに一歩進めた南北和解政策を盛り込んだ「七・七宣言」を発表した直後だったので、いっそう苦しかったという。

外国で、明けても暮れても国威宣揚と政府広報に専念している人たちの苦衷はこうしたものなのだ。そこはいわゆる「反韓団体」がある地域でもなく、「反韓人士」が謀略を巡らしているところでもなかった。

維新以後、政府・与党が、ともすると海外の「反韓団体」や「反韓人士」を悪しざまにいうことについて私は疑わしく思ってきた。わが韓氏の家門と合わない面々が海外にそれほど多いはずはないのであって、なぜ「反韓」なのかということなのだ。後日、海外に出かける機会にわかったのだが、私の推測どおり彼らは「反韓」ではなく、「反朴」「反全」の人たちだった。

政府の政策に反対し批判することを「反国家」と罵倒するのは、政権自身のためにも、いまや捨てるべきである。政府が南北関係の設定による自らの二律背反をたださないまま、国民を威嚇と厳罰だけで治めようとするのは、もうひとつの二律背反というしかない。

（『タリ』一九八九・九）

11 『韓国・朝鮮と向き合った36人の日本人』

一九九〇年二月、私が東京で開かれた国際図書展に出かけたときに、ある日本人青年が一冊の古い本を持参し署名を求めてきた。驚いたことにその本は一九七四年に私が出した『偽装時代の証言』（汎友社）だった。日本人が韓国で刊行された私の本を読んでいるのもありがたく驚かされた。韓国の書店で買ったときから、その本の何ページかが破られていたというその理由をたずねるので、引きちぎられた部分に収録した「ある弔辞」という文章が筆禍事件を引き起こし、私が拘束されたのでないのだろうと答えた記憶がある。その青年が今回紹介する『韓国・朝鮮と向き合った36人の日本人』（明石書店、二〇〇二年）の編著者・舘野晳氏である。

舘野氏と私との格別な因縁はつづいた。一九九七年に、日本で出版された私の著書『韓国の政治裁判』（サイマル出版会）の翻訳を彼が担当してくれたのである。彼は公務員として勤務しながら韓国語を自習し、会話に長じているだけでなく、文章もよく書く。出版に関する文章をハングルで書いて韓国の雑誌に載せるほどの実力派である。彼は韓国の出版事情を日本に紹介する一方、日本の出版界の動向を韓国に伝える文化情報の架け橋の役割を果たしてきた（『本と人生』にも「日本出版レポート」を連載したことがある）。それらの功績を称えられ、彼は韓国の文化観光部長官から表彰された。最近は出版分野だけでなく、歴史・文化など各種分野の本を日本語に翻訳したりして何冊か出版し、韓国に関する本の企画でもよく知られるようになった。教保文庫［ソウルの大型書店］の日本書コーナーにも彼の著書（または編・訳書）の何冊かが並んでいる。

それほど舘野氏の韓国語の文章はかなり正確で水準級に達している。それでも前述した私の本の日本語版を刊行するときに、私は彼の翻訳原稿に何ヶ所か手を入れた。そのためか舘野氏は「訳者あとがき」で、次のように書いている。

「本書の翻訳作業は、苦しさと楽しさが伴うものだった。苦しさとは、韓勝憲氏ご自身が達者な日本語を使われるので、翻訳者としては辛い立場に立たされたからである。（略）韓勝憲氏は日本語の習得に努められた結果、読むことはもとより日本語で講演までされる。訳稿すべてにわたって目をとおしていただいたが（略）日本語の表現力に対する指摘事項が増えてしまったのだ」

日本人らしい丁重で穏やかな表現ではあるが、私としては済まない思いがいっぱいだった。翻訳すればいくらかは異なる表現になることもあるのであり、いたずらにあれこれ指摘したことを反省し、その次に会ったとき（いやその前に国際電話で？）丁重にお詫びをした。私は中途半端な「完璧主義」と修養不足を後悔した。この次に会ったらもう一度おわびの酒［サグアスル、「サグア」はおわびを意味する。果物の意味もある］を用意せねばなるまい。

閑話休題――この本には日本の明治時代から現代にいたるまでの、韓国と関係のある日本人三六人の話が収録されている。ここには福沢諭吉や伊藤博文のような征韓侵略主義者がいるかと思えば、内村鑑三、布施辰治のような朝鮮独立の擁護者たちもはいっている。舘野氏が企画し二七名の筆者が書いた文章を読んで、日本人の誤った韓国観を総体的に探求し、是正する道を探ってみたいという舘野氏の良識が私の心に深く触れてきた。

（『本と人生』二〇〇二・九）

12 『パピルスが伝えた文明』

『パピルスが伝えた文明』（出版ニュース社）の著者・箕輪成男教授は、日本出版学の開拓者であり、私とは出版関係の国際学術会議などの行事で、しばしば顔を合わせ親交を重ねてきた。私よりは七、八歳年上で、一九五〇年に東京大学を卒業され、その後は大学教授と日本出版学会会長を歴任された。日本出版学の先駆者らしく研究と活動の両面でとても精力的でまめまめしく、豪放で人間味にあふれた方である。

二〇〇二年五月に刊行されたこの本は「ギリシア・ローマの本屋たち」というサブタイトルが語ってくれるように、古代西洋の出版に関する研究書である。すでにその時代に書店があったのは驚くべきことであるが、それはたぶん「常設の店舗を構えていたのでなく、臨時の出張販売形式であったろう」と著者はみている。

パピルスは古代ギリシアで使われた筆写材料で、水草の茎をうすく切ってはり合わせて作る。おそらく中国の漢の時代の木簡のような機能を持っていたと思われる。一七五二年、ヘルクラネウムの町で、火山灰に埋もれていた一七〇〇年前のパピルス巻子本八〇〇〇本が、奇跡的に発掘されセンセーションをまき起こした。

各時代別に出版の実相をうかがうなかで「奴隷が支えた出版文明」のような興味ぶかい考察があるかと思えば、出版の社会的機能と出版論に対するいくつかの接近方式を説明してくれる点が際立っている。

この著者の内心には今のような電子メディア時代に、出版（界）の危機を克服し伝統的な出版メディアが生き残ることを念願する真情がこもっている。人類の長い文化・文明に貢献してきた書籍文化に対する賛辞も、またそうした意味から理解できる。

著者は私の還暦記念文集にかたじけなくも原稿を寄せてくださった。『情報としての出版』『国際コミュニケーションとしての出版』『出版学序説』などの著書を刊行するたびに、忘れずに送ってくださる著者の友情をとてもありがたく思っている。

箕輪教授は伝統的メディアである出版がマスコミュニケーション的関心から無視されたり、周辺化されていくことを限りなく残念に思い、出版のメディアとしての意味と役割に研究者の関心が高まらねばならないと力説する。そして西洋社会ではいまだに市民権を得ることのできない「出版学」という未開拓の荒野に先頭になって飛び込んで行かれた方である。

かつて一九八四年一〇月、ソウルで開かれた国際出版研究フォーラムは、出版学確立のために韓国・日本・中国の三ヶ国の専門家が志と力を結集する良い契機になった。韓国出版学会の初代会長を務められた安春根先生を尊敬されているのも、安先生が韓国出版（学）研究の先駆者だったばかりでなく、韓・日・中三国の学者・専門家を招請して国際出版学術フォーラムをスタートさせる大きな仕事をされたからである。

酒を嗜まない私をどうにか楽しませようと、東京の街と路地を案内してくださったその暖かいお気持が思い出される。学問と人生にあまねく熱情を注ぐこのような方が、いつの間にか引退されて高齢者になったのがこの上なく惜しまれる。

（『本と人生』二〇〇二・九）

13 嘘

しばらく前、新聞にアメリカの歴代大統領の嘘を扱った『ワシントンポスト』の記事が紹介されたことがある。ここには第三六代ジョンソン大統領が自分の祖先の死を先住民（インディアン）との戦闘での戦死にでっち上げたという話や、ブッシュ現大統領がイラク戦争の名分を大量殺戮武器の隠蔽としたためひどく困惑させられたとの話も出てくる。韓国の歴代大統領の嘘シリーズを並べていけば、量的にも質的にもアメリカを大きく凌駕するのは明らかである。

留学中の父親に連れられてアメリカに行き、幼稚園に通っていた私の孫（七歳）がソウルに帰ってきた。幼稚園にアメリカ人の友だちがいるかとたずねると、二人いるとのことだったが、そのうちのひとりは嘘つきなので絶交（?）したというのである。

「その子がどんな嘘をいったんだい」

「うん、あの子は恐竜を見たことがあるっていうんだもの。誰も見たことのない恐竜をあの子がどうして見ることができるの？　そして韓国の歌を聴いたっていうんだけど、韓国に行ったこともないのにどうして韓国の歌を聴くことができるの」

私は孫も隅に置けないなと思いながら、「恐竜は映画やビデオやインターネットで見ることができるじゃないか。そして韓国の歌も放送やCDで聴けるじゃないか」と反問すると、絶対そうはできないと所信を曲げなかった。

ここからさらに進んで「これから初等学校の一年生になっても、その子と同じクラスにはならないようにしてください」と、毎日、神様にお祈りまでしているのだった。

そのアメリカの子どもの言葉がたとえ嘘だとしても、他人に被害を与えるごまかしではない。世の中には本当らしい言葉で装ったり、純粋さで包装した嘘がどんなに横行していることか、個人のレベルではなく、国家、正義、解放のような公義の世界で、とても高度な計算で言い繕う嘘は、その害悪において「恐竜のお話」とは比べようもない。奴隷解放者として尊敬されてきたリンカーンが、じつは奴隷制を擁護した弁護士だったとか、北部軍が掌握できなかった南部の一部の州にだけ奴隷解放を適用し、その地域の黒人を刺激し、内紛を起こさせるのが目的だったという裏面を知れば、リンカーン崇拝は一八〇度ひっくり返ってしまう。全世界の良心囚の支援組織である国際アムネスティ運動も、やはりイギリス人たちが自分たちの植民地支配をぼかそうとする発想からはじまっており、過去の加害者である植民国家が、その被害者である被植民地地域国家の、人権問題を手助けするというアイロニーも色濃く見られるとの論議も出ている。

聖書の言葉にこんな一節がある。

「外から人の体に入るもので人を汚すことができるものは何もなく、人の中から出て来るものが、人を汚すのである」（「マルコによる福音書」7：15）

「人の中から出て来るもの」とは何なのか。それは言葉だ。ののしり、そしり、嘘をいうのがみんな口から出てくる悪である。

政治家たちの口から出てくる嘘こそ、悪の標本といっても間違いない。政治も裁判も問いつめてみれば嘘との戦いなのだ。それで政治の主役たちがむしろ嘘の達人となり、厚かましくも二重性を楽しんでいるのだから開いた口がふさがらない。「歴代国会議員、嘘の実録」を連載したり、本にして出せば評判になるのは確かだろう。

久しぶりに会った二人の女性がこもごも話をしている。

A　ねえ、あなた煙草吸う？

B　いいえ。

A　じや、お酒は飲むの？

B　いいえ、お酒も飲まない！
A　じゃ、男のひとと恋愛は？
B　いいえ、それもしてない！
A　それじゃ、あなたはいったい何の楽しみで生きているの？
B　嘘をつくのが楽しみで……。

まったく、この世の中には嘘を楽しみにする人が、うようよするくらい風土が変わってしまった。恐竜を見たというアメリカの子どもがたぶん映画やビデオでそいつを見たのなら、まさしく見たということができるのではないか。しかし、わが政治家連中や高官たちの嘘は、それ自体が「恐竜」みたいに大きくて恐ろしい。じつのところ私も恐竜を見たことはないのだが……。

（『本と人生』二〇〇三・八）

14　海賊タリョン

一九八九年一〇月二三日から三日間、第四回国際出版研究フォーラムが東京で開かれた。韓国・日本・中国・アメリカ・イギリス・カナダなど八ヶ国からやってきた約百名の参加者が「東アジアにおける出版開発と文化交流」という大きなテーマで討論をくり広げた。

私は主催者である日本出版学会の要請を受け「東アジアにおける国際著作権の再評価」というテーマの発表をした。

私は知的財産権分野で開発途上国が、現在直面している状況は、まさに先進国の過去の状況と変わらないという事実を指摘しつつ、とくにアメリカの知的財産権攻勢と貿易報復威嚇について批判を加えた。

アメリカも一九五五年までは、著作権に関するいかなる多国間条約には加盟せず（二国間の個別条約を締結したことはあった）、ベルヌ条約の同時発行主義条項を利用する便法で、自己の権利だけは確保しながらも義務の負担はしなかったのだ。西洋の人たちは他国の著作権の無断利用を海賊行為だというが、そのようないい方どおりなら、アメリカこそ大物の海賊国だったのだ。

そのくせに立場が変わったからといって、いまわれわれに対して海賊云々というのは、過去の重量級の海賊が後輩格の軽量級海賊を責め立てるようなものだ。著作権の国際的な保護自体を拒否する名分はない。しかし、その保護の範囲や水準は強大国本位であってはならない。自国民の著作権保護を要求する方式、それは粗暴な脅迫であってはならないのだ。私はその点についてアメリカに反省を求めたのである。

海賊版や海賊国家という言葉についてもそうだ。この点に関して先頃発表した私の論文にはこう書いてある。

「海賊という言葉の真の由来を考えると、英米の人たちが東洋人にそうした言葉を使うのは、ひどく逆説的といえなくもない……」

けれども、当初、その論文の草稿はもっと強いトーンだった。

「むやみにそうした言葉を使っている彼らの先祖こそ、もともと海賊の元祖だったことを考えれば、西洋人が東洋人の無断複製くらいを海賊行為というのはひどく喜劇的なものだ」

予想どおり、そのフォーラムに出たアメリカ代表は私の意見に強く反発した。それは私が期待していたことだったので、黙殺されたよりははるかに良かった。イギリス出版協会からやってきた女性はいい方は少しちがっていた。「あなたの発表内容を、今晩、ロンドンに知らせてやります。あなたもよくご存じのイアン・テイラー氏［英国出版協会著作権部長］にです」

「知的」は消え去って、「所有権」だけが残っている風土、知的財産権を貿易財産権としてのみ考えようとする打算、つまりこうしたもののゆえに、アメリカは美しい国［韓国ではアメリカを美国という］とばかり見えはしない。

（『タリ』一九八九・一二）

15　ユダヤ人の諧謔

ユダヤ人はどの民族よりも諧謔にすぐれているという。追放と流浪、差別と虐殺にいたるまで悲運を味わいながらも、笑いを忘れてはいない。彼らにとって諧謔は慰めであり、達観であり、克服と洞察の力であった。

BC七〇年、ユダヤ王国がローマ帝国によって滅亡させられると、ユダヤ民族は全世界に散らばり、一九四八年のイスラエル建国まで約二千年間、国を持たない身の上を甘受した。それでも不屈の精神で逆境を生き抜き、各分野で大きな成功を収め、ずば抜けた貢献をし、世界的な人物を多数輩出した。

ある人は苛酷きわまる歴史のなかで、ユダヤ人は笑いを通じてユダヤ人らしい精神を最後まで守りぬくことができたので、ユダヤ人の精神は笑いという炎によって鍛えられ鋼鉄になった――と書いてもいる。

ナチスドイツのユダヤ人虐殺はよく知られている。ただユダヤ人という理由だけで五〇〇万ないし六〇〇万もの人命がガス室で死んでいった。そんなユダヤ民族が諧謔を楽しむというのは本当に吟味を要することだ。彼らの知恵と諧謔は生存戦略であり、商術として通じる精神的「インフラ」でもあった。

ユダヤ人に対する迫害が横行した中世スペインでの話である。

あるユダヤ貧民がキリスト教徒のブドウ畑から、ブドウを盗んだ嫌疑で法廷に引っ張られてきた。彼は潔白だと無罪を主張したが聞き入れられなかった。裁判を受け持ったキリスト教の司祭は、神の判断を待つといいながら、くじを引いて有罪か無罪を選ぶと宣言した。二枚の紙を箱の中に入れ、そのなかの「無罪」と書かれた紙を選べば釈放し、「有罪」と書かれた紙をつかんだら死刑だといった。

司祭は二枚の紙に同じく「有罪」と書いて箱の中に入れた。そのユダヤ人はどちらをつかんでも死ぬことになっていた。だがユダヤ人はその計略を見破っていた。彼は箱の中に手を入れて一枚の紙切れをつかみ出すと、すぐさまそれを口に飲み込んでしまった。驚く司祭に向かって彼はいった。

「箱の中に残った一枚を広げて見せてください。私は神様のご意志によって無罪なのです」

こうしてそのユダヤ人は釈放された。話のなかの諧謔ではなしに、生きる中での知恵と諧謔が痛快な笑いをかき立ててくれる。

わが民族も長い歳月、苦難の歴史にさいなまれながら生きてきた。いまもせち辛い日常に束縛される日が多い。だから人びとの言葉と考えがせち辛くなるしかない。ここでわれわれはユダヤ人の知恵と諧謔に目を留める必要がある。

広く知られている『タルムード』は、ユダヤ人が聖書の次に大切にしている知恵の宝庫だという。百科事典の三~四倍にもなる膨大なその全集のなかには、豊富な教えが諧謔をともなって集められている。

そこにはこんな話もある。

「情熱のために結婚をしても、情熱は結婚のように長続きはしない」

ケストラーというユダヤ系イギリス人作家が書いた作品には、こんな一節が出てくる。

ヨーロッパのある城主が狩りに出かける途中、なにを思ったのか城に帰ってきた。寝室をのぞいてみると、妻がカトリックの大司祭とベッドの上で良からぬことをしていた。大公は泰然とした表情でバルコニーに出て、外を通り過ぎる人びとに向かって十字を切りはじめた。大司祭が驚いて「なんの真似をしているのですか?」とたずねた。すると大公はこう答えた。

「私がすべきことをあなたがしているので、私はあなたがすべきことをしているだけです」

(『本と人生』二〇〇三・七)

第六章　政治の場の逆説

1　青瓦台物語

私が青瓦台の建物（本館）のなかに初めてはいったのは一九九〇年、盧泰愚氏が執権していた当時である。盧政権時代に私が青瓦台に行って昼食（彼らは「午餐」といった）まで食べたというと、ちょっと疑問に思われる方がいるかもしれない。いわゆる新軍部という人びとは一九八〇年に「金大中内乱陰謀事件」なるものをでっち上げ、私のような平和愛護人物（！）を助演級として拘束し、懲役さえも食らわしたからである。

ところで招待されたわけはこうだった。六月抗争（一九八七年）の後に、悪名高い言論基本法が廃止され、放送法が生まれたのだが、これには国会野党推薦の放送委員の割り当て（?）があって、私は当時の平民党（金大中総裁）推薦で放送委員となり、盧泰愚氏が放送委員らを青瓦台に招待したので、私もお相伴することになったのである。

昼食は最初に燻製の鮭が出てきた。そのとき私は青瓦台での食事は「前無」かつ「後無」だと思って、この歴史的「御前午餐」のメニューを暗記しようと思った。それで燻製（発音は「フンジェ」）の鮭を暗記する方法として、桂《ケー》「勲梯（フンジェ）」先生（民主化運動家）の名前を思い浮かべることにした。後日、桂先生も知らないうちに、私が犯した失礼（?）をお返しする機会がやってきた。先生がソウル大学病院に入院しておられるとき、病院側に桂先生の愛国的な生涯と苦難の生活を説明し、入院費を大幅に負けてもらったのだ。

一九九七年一二月の大統領選挙で金大中大統領が青瓦台の主人となった。金大統領は執権初期のいつだったか、民主化運動をともにしたかっての在野人士を夫婦同伴で青瓦台に招いた。同じ日に逮捕されてともに軍法会議の裁判を受けた死刑囚が、大統領となって青瓦台の晩餐にわれわれを招待してくれたのだからうれしくないはずはなかった。約三〇名ほどの招待客と食事を終えた後に、大統領のお話があり、続いて自由に歓談する時間があった。

あれこれ話が交わされてから、参席者のひとりがいった。

「青瓦台は監獄のようなところでしょう」

もちろんその言葉の意味はわかっていたが、私は異議を申し立てた。

「私はそうではないと思います。監獄ははいるときは気分が悪くて出るときは気分がいいのですが、青瓦台ははいるときは気分が良くて、出るときは気分が良くないのだから、正反対じゃありませんか?」

まかりまちがえば失礼にあたる発言だったが、即席の対比としてはまあまあだったのか、一座に爆笑が起こった。大統領夫妻も……。

(『本と人生』二〇〇二・二)

2　誇大包装

えせ愛国者連中の荒唐無稽な自己包装は、解放後四五年になる今日まで変わることなくつづいている。解放直後にはにせの独立闘士が、「六・二五」〔朝鮮戦争〕の後には誇張された反共闘士が氾濫した。軍部独裁の風が吹くと「維新」の忠臣が急増し、民主化の兆しがみえると、我先に民主闘士に変身する。たいていは自分の過去の経歴を誇大包装し、闘争と受難が自分だけのことであるかのように自己宣伝を並べ立てている。

時流にのり、そして自らの必要によって経歴と業績を偽造したり変造したりすると、かえって本音が透けて見え、仮面がばれて減点になるかと思うと、そうでもないようだ。数年前のことさえ、きちんと記憶できない健忘症患者が意外に多いからだ。政治家や政治家を志願する者の履歴書や選挙公報は、だからひどくにぎにぎしい。彼らは真実や謙譲がむしろ訴求力が強いということを理解できない。だからここでは、大げさな話ばかりを得意にする人びとを、しばしとある路地に案内することにしよう。

この路地のなかには味のよさで評判の食い物屋が一軒あった。屋号も看板もなかったが、味覚や食道楽に敏感な人たちが押しかけ繁盛していた。

するとその路地に、もうひとつの店が加わり、店の主《あるじ》はこんな看板を掲げた。

「韓国で一番うまい店」

まもなく路地には三軒目が店を開けた。この競争店はこう書いた。

「世界で一番うまい店」

もとからこの路地で営業をしていた店の主は、自分も看板を掲げなければならないと思った。そこで遅ればせながら付けた看板にはこう書いてあった。

「この路地で一番うまい店」

謙遜が虚勢に勝つというのは、決して金言集だけに収められている言葉ではない。ケネディ大統領は第二次世界大戦中、海軍に勤務していた際に、乗っていた船が敵の砲撃で沈没するほどの激戦のなかから奇跡的に生き延びた人物である。それで彼は「勇敢な海軍将校」といわれるようになった。後日、ある記者がその点についてたずねると彼はこう答えた。

「日本のヤツが健気にも、私の船に命中させてくれたおかげだよ。それで……」

打算のうえでも得なのだから、自ら謙遜する人にちょっと会ってみたくなり、韓半島の路地と太平洋の真ん中をさまよって話を拾ってきた。

（『タリ』一九九〇・一）

3 『資本論』

左傾の疑いで監獄に入れられた人に『資本論』が差入れされた。領置図書の審査担当者が会心の笑いを浮かべてひと言。

「こいつ、こんどは心を入れ替えて資本主義を勉強するつもりだな」

マルクスがらみのこんな話もある。

問題学生の下宿部屋を家捜しした刑事が、一冊の本を抜き出してきた。マックス・ウェーバーの社会学の本だった。

「これはマルクス主義の本じゃないか」

学生は笑いながら答えた。

「ちがいます。これはマックス・ウェーバーの本じゃないですか。カール・マルクスとはまったくの別人です」

「なに？　俺がマルクスを知らないとでもいうのか？　人をなめやがって」

その本は堂々と押収目録にはいって検察に送致されたが、検事の手をへてようやく還付決定がくだった。

日本の植民地時代に日本に留学した韓国人学生は、釜山—下関間の関釜連絡船に乗って往来した。

船の乗り降りのときには、必ず日本警察の監視と捜索がついていた。学生たちは荷物のなかの不穏図書（?）が発見されないように、一番上にドイツ語の本を載せて置いたという。当時の日本はナチス・ドイツと仲間だったので、ドイツ語の本は無事通過させたからだ。

解放された祖国の地でも、本は相変わらず「危険物」だった。南側に行く若者の鞄のなかを確かめた北側の警備兵が英和辞典を取りだした。和食が日本食を意味するように、英和辞典は英日辞典だった［当時、北朝鮮はアメリカと敵対関係にあった］。

「これはアメリカ語を学ぶ辞典ではないか?」

「ちがいます。イギリス語辞典です。ここに英という字があるじゃないですか」

「ああそうか。じゃ行きなさい」

ある本を持っているということだけで罪にしたり、処罰したりするなら、その社会を「自由」や「民主」という言葉をつけて呼ぶことはできない。

禁書のある国では、殺伐さに劣らずコメディも盛んになる。「不穏図書」から「利敵表現物」にいたるまで、もろもろのレッテルを貼り付けて奪っていき、捕まえて閉じこめたあげく、いかなる結果をもたらしたか。

自由民主主義を守るためには、自由民主主義を否定する本を容認するわけにはいかないという。こうした言い分に説得力を認める人はそんなに多くはないようだ。権力はあまりにもたびたび、いや、とてつもなくそうした言葉を使ってきたからだ。

（『タリ』一九八九・一二）

4 「不可はひとつもない」

セマウル運動〔朴政権時代に展開された新しい村づくり運動。「維新体制」を支える重要な柱になった〕の最盛期には、忠孝思想をひろめる宣伝活動も盛んだった。そのころ、私たちの村にも敬老堂ができた。話し相手がいなくて無聊をかこっていた老人たちが、大勢集まってとても賑やかだった。ところが、その敬老堂の看板のそばに小さな立て札が掲げられた。そこにはこう書いてあった。

「年少者出入り禁止（但し、六〇歳以下）」

六〇歳を超えた老人に限って利用を認めるという意味だったが、そうなると六〇歳以下は年少者になってしまった。だが、六〇歳以下が年少者というそうした図式は、どこでも成立するというわけではない。そしてその警告文でもうひとつ重要なのは、括弧のなかの言葉が括弧の外を支配していることである。

たとえば「政治犯全員釈放（但し、時局事犯を除く）」とか、「拷問絶対禁止（但し、公安事犯でない場合）」、または「過消費風潮一掃（但し、金持ちを除く）」などを考えてみれば理解がいくだろう。

言葉は人の立場や利害関係によって感じが変わることがある。七〇代、八〇代の老人なら、六〇代も年少者に見えるかもしれないが、二〇代の側から見れば、六〇代ははるかな年長者以外の何ものでもない。

民主主義や社会正義について語っていても、支配階層、既得権者、守旧勢力などがいい立てる尺度と、一般国民が考える秤とのあいだには大きな差異がある。時局の懸案事項を巡っての声明戦や討論会などに現れる、その途方もない見解の差をみると、あたかも最初から別種の人間として生まれた人たちのあいだの遺伝現象のようにさえ思われる。

ひとつの問題を巡って、そのように相反する見解があるからといって、それ自体を否定的にのみ考えてはいけない。けれどもそうしたふたつの筋が、永遠に平行線で続くとなれば、問題はもっと深刻になってしまう。現実に対する判読がどうして、そのように正反対になってしまうのか。

その昔、ある成り金が息子の成績表をみたところ、秀・優・良はまったくなく、すべて「可」だった。けれども彼はまわりに息子の成績表をみせて、こう自慢した。

「ちょっとこれをご覧。〝不可〟はひとつもなくてみんな〝可〟なんだよ……」

(『タリ』一九九〇・一)

5 「いうとおり」と「するとおり」

長寿村で久しぶりに葬式があった。長寿村なのに誰が死んだのか。このなぞなぞに対する答はお察しのとおり「医師」である。患者（収入）がなくて飢え死にしたというもの。

もちろん医者が飢え死にするほど人びとが無病長寿であるはずはない。医者も病気になり、たまには若い年齢で短命に終わる事例もあるから、ひとつのアイロニーといえよう。他人の病を治してやらねばならない医者が、自分の病気を知らずにいたり、治すことができない実例のことを、なにか不幸の知らせのように語ってはいけない。まして私のように他人の無念を晴らし、拘束者を釈放させねばならない弁護士でありながら、自分が二度も懲役に行った者には発言権はない。日本人のなかには私が監獄暮らしをしたというと、そんなことがあるかと驚く人がいた。私は、監獄（檻）が日本語では牢屋であることに着眼し、「lawyer（法律家）が牢屋《ローヤ》にはいったのは、あまりにも当然のことではないですか」と応酬ならぬ応酬をした。

まさにこの「牢屋」にはいって出てきたローヤーを、暖かく世話をし健康を守ってくれたひとりのお医者さんがいた。その方は酒、煙草の害毒を警告し、とくにそれらが癌の発生源になりやすいと注意を喚起された。それでも「同じ酒でも医者といっしょに飲めば薬になる」といいながら、「破戒」の誘惑をされたりもした。

医師たちは過飲や吸煙の害毒について医学的な警告を発する。とくに煙草を止めねばならないと耳が痛いほど力説する。しかし、本当のところ自分ではそれを実践しない人も少なくない。煙草の害毒を警告しつつ禁煙の放送を終えて出てきたある医師が、こんな話をしたとか。

「アイゴー、煙草を我慢したのでひどい目にあった……」

ソウルの「原子力病院」といえば、癌治療施設でよく知られているが、エッセーやコラムを数多く書いたR博士は以前その病院の院長だった。ところがその院長が癌患者であることが明らかになり人びとを驚かせた。さらに意外だったのは、ご本人は病が判明した後にも、酒・煙草を止めずに引き続き楽しんだという事実である。自分は医師なのでいずれにせよ治療が難しいことをよく知っていたからなのか。

医師たちが酒・煙草をやるのは、彼らの職業情緒上（とりわけ外科医師の場合）十分に理解できもするが、禁煙の伝道師であらねばならない本分には反するのではないか。

しばらく前に国立癌センターで特別講義をしたが、そのとき肺ガン手術を受けたある元老医師の話が出た。そこの病院長は笑いながらこんな話をした。

「医師がせよといっても、医師がするとおりにはするなという言葉があります」

じつに含蓄のあるこの名言に、医師の代わりに弁護士という言葉を入れ替えてみた。「弁護士がせよといっても、弁護士がするとおりにはするな」

まったく、弁護士がせよというとおりにしてはならない場合が少なくない、と思われるだけに、法曹人の二重性が医師のそれよりも軽くはないことを悟らせてくれた。「悪徳弁護士」なる言葉がマスコミで広まり、人びとの口に上ることも稀でない。過度な報酬を受け取ったり、依頼人（当事者）に行くべき金の上前をはねたり、そのほかさまざまな方法で依頼人を悩ます弁護士が少なくないようだ。

「いうとおり」と「するとおり」の差異が、医師の場合よりもはるかに大きいのが、弁護士の世界ならば、これは恥ずかしいことではないか。まして政治家の場合には、いってあまりあるものがある。

（『本と人生』二〇〇四・一）

6 言葉の二面性

「Fine for Swimming」なる表示板をみて、安心して水泳をしたら罰金を支払わせられたという話がある。「Fine」には罰金（〜に処する）という意味もあって、そうなると「水泳するのにとてもよい」ではなく、「水泳する者は罰金に処す」になってしまう。容認と処罰が同義語で表現できるのはパラドックスで、またひどく当惑させられる。ひょっとすると「七・四共同声明」「六・二九降伏」「七・七宣言」なども、国民が「Fine」表示に騙された実例なのかもしれない。

「民族自主」のために外国勢力を排撃すれば反米・容共となってしまい、「相互誹謗禁止」なので、誹謗ではなく「正しく知ること」に努めていると讃揚・鼓舞罪が待ち構えている。北韓を民族共同体の一員とみなし、「同伴者関係」というその言葉を信じて動いたら、相変わらず北側を「反国家団体」と規定した現行法の罠に引っ掛かったりもする。

このように政府は国民に「可」といっておいて「不可」と言い張るので、それをみて国民がまだ

「不可」と考えていると、執権勢力の仲間うちでは「可」と称している。つまり政府は全能であり、国民はいまなお拘束されているということなのだ。

「可」を可と信じたために鉄槌を受けたのとは反対に、「不可」を不可といいながら騙したことがどんなに多かったことか。盗聴・拷問・フラクション工作・不動産投機・過剰鎮圧・司法権侵害・不正選挙……。こうしたものは表面上の「不可」とは違って、ある種の人たちには事実上の「可」だったことは間違いない。

野党の人たちが外国に出掛けて国内の人権状況や統一問題を語ると、事大主義根性の現れとして攻撃を加える連中がいまもいる。彼らは国内問題を外国人の前では語ってはならないと非難するが、それも何か原則とか所信によってそういうのではない。政府に不利だったり、気に食わない発言をするときにだけ、そうした事大主義論を持ち出すのだ。

盧泰愚大統領は、先日のヨーロッパ先進国歴訪の際に、国内には拘束中の政治犯はひとりもいないと語った。拘束中の政治犯がいることを外国人の前で語るのが事大主義ならば、政治犯がいないと語るのも、やはり事大主義の現れなのではないか。分断問題についていえば、南北間の相互開放と和解は原則的にわれわれ自身のことである。外国人に何やら手助けを求めるのは、われわれがしなければならないことを尽くしても、思いどおりにならないときに限って、やむを得ず控え目にすべきことなのだ。北韓への往来を犯罪視し、北韓に関する本を持っているだけで国事犯に追いやる法制度をそのままにして、大統領が外国の国家元首に北韓開放への協力を求めるのは、どうもことの順序が間違っているように思われる。

（『タリ』一九九〇・一）

7　国会議員後援会

国会議員の後援会［パーティ］が花盛りである。政治資金に関する法律によって政治資金を取り込む（?）行事である。私は与野双方に知り合いの議員がかなり多いほうなので、招請状がたくさん飛び込んでくる。むろんすべてに行くことはできないので、行く行かないを選別したら、そのため残念に思う人もあり、人心を失う恐れもあって、公平にいっさい行かないことに方針を定めた。

しかし、例外のない原則はないというが、ほんとうにどうしようもなくなり出かけることもある。J議員後援会に行ったのも、高校が同窓であり親しい間柄なのでやむなくだった。後日のマスコミ報道によれば約三千名も集まったという六三《ユクサム》ビルの国際会議場で、私は祝辞を述べた。

「私はJ議員が初めて政界に入門し、地区党改編大会をしたとき、次のように祝辞を述べました。『政治はマイクであります。国会議員になるための選挙遊説のときにマイクを握り、当選すれば議事堂のマイクの前で発言するじゃないですか。ですからマイクといえば（有名なアンカーである）J氏であります。したがってJ氏は政治に成功することはまちがいありません』。こう申し上げたのですが、果たして彼は再選され最高委員をへて大選候補格にまで成長したのですから、私の予言はまさしく適合したことになるのであります。

今日の後援会は政治資金法によって合法的に後援金を集める行事なのですが、法によると個人は一年に二千万ウォンの範囲で、後援金を出すことができるようになっています。みなさんはぜひこの限度を厳守されますように。二千万ウォンを超過して後援金を出すことは絶対になされないようにご注意ください。もちろん二千万ウォンまでは大丈夫です。

こんな話があります。ある人が強盗に遭いたいか、国会議員に会いたいかとたずねられたので、強盗に遭いたいといったというのです。強盗だったらいちど巻き上げられてお終いですが、国会議員だったら何度も巻き上げられるからというのです。だからといってJ議員が皆さんの財布を続けざまに巻き上げようとするでしょうか？　ただ皆さんがJ議員に心のうちを打ち明けてくだされば ありがたく思うものです」

政治資金に関する法律には「政治資金は国民の疑惑を生むことのないように、公明正大に運用しなければならず、その会計は公開されねばならない」と規定されている。けれども政治資金ほど国民の疑惑をたくさん生む黒い金もないようだ。政治家の受け取る金にいわゆる対価性や職務関連性が認められれば賄賂で、そうでなければ政治資金というのだが、その基準はじつに曖昧模糊として見分けがむずかしい。

政治資金の寄付はいまだに隠密になされる例が多いようだが、理想的な寄付文化の形成がなされないのがもどかしい。donation の語源国らしく一日も早く寄付文化が花開き、政治の場にもきれいで美しい風俗が定着すればと思うのだが。

（『本と人生』二〇〇二・二）

8　珍しい英語

「She was a boy」

こんな英語は初めて耳にした。平仄の合わない間違った英語なのか。イギリス外交官の口から出た言葉だったから、英語を知らずに言ったものではないのだ。

二〇〇二年一一月末、社会福祉共同募金会は年末年始の「隣人救援募金キャンペーン」のオープン行事を明洞でひらいた。朝からテレビ局の中継車二台が狭い明洞の通りに偉容を現し、予定時間になると仮設舞台では事前行事の芸能人公演が開始された。

そのころ、舞台裏手の臨時キャンプには主催者側と招待を受けた人びとの談笑する姿が見られた。そこにはイギリス大使館の高位外交官夫妻もいた。歓談最中にちょうど人気歌手ハリスが歌う場面がテント入口の映像モニターに映ると、外交官夫婦は驚きうれしそうな表情でモニターの前に近寄った。ハリスは生き生きして新鮮だった。彼女から目を離さずにいる外交官に私は陳腐な質問をした。

「この女性歌手がお好きなのですか？」

すると彼の答はこうだった。

「She was a boy」

性転換手術で話題になったハリスをそのように、ただのひと言で完璧（？）に表現したのだった。聞くところによると、アメリカでは芸能人の性転換は認められているが、性転換した者の芸能界への進出は認められないという。韓国でスターとなったハリスはそうした点で幸運だったといえよう。

その日の行事ではもうひとつのハプニングならぬ物議が起こった。まったく意外なことだった。主催者側は募金キャンペーンの広報効果を高めるため、当時の大統領候補三人にも参席を要請し、それぞれから承諾の返事を得ていた。ところがそのうちの二人が選挙遊説の日程変更を理由に不参加となり、李会昌《イフェチャン》候補だけが約束を守った。式順にしたがって各界の人士が舞台に上がり、献金をして少しばかり所信を述べた。むろんそのすべての場面はKBSを通じて全国に生中継された。主催者側は、三候補のうち唯一約束を守ってくれた李候補に感謝の念を抱いた。

ところが数日後に、放送委員会がKBSと担当プロデューサーに警告処分をくだしたという噂がきこえてきた。KBSが特定候補だけをクローズアップしたのは、不公正な放送だったというのである。

私はそうは思わなかった。三人の大統領候補にまったく同じ機会を与え、相手側も参席すると約束したのに、二人の候補は一方的に約束を破り、やってこなかったのだから不公正という論議の出る余地はないからである。放送委員会の処分のいい分どおりなら、約束を守るために来てくれた候補に出演を断ったり、わざとテレビカメラに映らないようにしなければならないが、そちらのほうがむしろ不公正ではないか。

主催者側の共同募金会でも、処分の不当性を指摘したが、その後「警告」は「注意喚起」へと罰は減一等になった。壇上の場面はともかく、トッポギ［餅の小切れに薬味を加えて炒めたもの］コーナーで李候補が少しばかり奉仕をしたときの中継場面に問題があるというのだ。

選挙運動の期間中はみんながひどく神経過敏になるので、「公正性」の基準がかえって混乱してしまったせいだった。

（『本と人生』二〇〇三・四）

9　立っている女性

「ゴーストップ」［花札の遊び方］についての研究発表なるものを新聞記事で読んだ。ばくち打ちならぬ、ある大学教授が社会学的に研究したもので、識見にみちた言葉を動員した格調高い論文だった。

そのなかのいくつかの箇所は、私の蒙をひらいてくれるもの（？）で共感を覚えた。「フッコ」［点数のない札、かす札］もたくさん集まれば威力を発揮することから、ゴーストップには民衆的な面があると知ったのもそのひとつである。

しかし、私が本当に述べたいのは、別の「ゴーストップ」の話である。
横断歩道の信号待ちのところにひとりの女性が立っていた。赤い信号が点いていたのでそうするしかなかった。次に黄色い信号に変わったときも、その女性は身を動かさなかった。そして信号が青になっても同じだった。彼女は道を渡ろうとする気配すらみせない。これを見ていぶかしく思った交通巡査が、彼女に近寄ってたずねた。そのときなんといったか。「やっぱり気に入る色がなかったですか」。これが正しい答えだという。

この話をはじめて聴いたとき、わが国の人たちの政党観が浮かび上がってきた。政党はさまざまなポスター・印刷物など、自らのシンボルカラーをもっている。だが、国民はどの色もすんなりと受け入れはしない。民主国家で主権者が政党の選択をできないのは政党側の不幸でもあるが、選択に値する政党をもてない国民の不幸はいっそう大きい。

過去のことは差し置いても、最近の与野双方のやっていることをみると、まったく理解に苦しむ。言い換えると気に入るカラーが見当たらない。

ここでは「第五共和国清算」について、一次的に責任をもつ与党の無定見だけを問い質してみることにしよう。彼らは「五共清算」を必ずやるといったのに、ある日だしぬけに「五共清算」はすでに終わったと言い張った。鄭鎬溶《チョンホヨン》氏を辞退させるはずだったが、国会の告発によって司法処理をするのが党の意見だと言い換えた。

国会が告発をしても検察が起訴する気遣いはないらしい。しかし、実際は鄭氏の退陣工作をしているので、それが結局は、TK派閥内の勢力争いによる追い出し作戦に変質してしまった。

彼らは「五共清算」の代わりに「過去の清算」という言葉を使うが、これはあたかも同居した男女が別れるときや、前科者が獄門を出るときに使う言葉みたいでひどくおかしい。この文章が活字になるころには、鄭氏の一身上の問題の処理は終わっているだろうが、彼の心中論はコメディの傑作として長く記憶されるだろう。彼ははじめ鄭雄議員にくっつき、次は金大中総裁にぶらさがっていたのに、最近はTKのある実力者と情死《チヨンサ》ならぬ政死［同じ発音］するという噂だ。

政治には志操をもたねばならないのに、そうではない。鄭氏がもういちど心中の相手（?）を求めるとすれば、それはおそらく盧泰愚大統領かもしれない。

（『タリ』一九九〇・二）

10 英語に似た日本語

法律専門家でない法務大臣、英語をしゃべれない外務大臣、われわれの常識では理解に苦しむが、日本では珍しくないという。閣僚を派閥へ配分する結果、そういうことがあり得るという。

英語のできない外務大臣が、国際外交の舞台で堂々と羽振りを利かせているところに、日本の面目がうかがえる。そんな日本でいつだったか、英語がとてもうまいと自負する人物が外務大臣のポストにつくことになった。彼は国連総会に出掛けてもちろん英語で演説をした。流暢な英語を駆使し得意満面だった。

そのとき演説を聴いていたアメリカ代表が、イギリス代表の耳元でささやいた。

「日本語にも英語に似たところがあるんですね」

盧泰愚大統領は一九八九年一〇月一九日、アメリカ議会の両院合同会議において英語の演説をした。アメリカの議員にその演説がどう受け取られたのかわからないが、拍手をする場面がテレビの画面に何度も出てきたところをみると、意味はそれなりに伝わったようだった。新聞によると事前練習に励んだそうだから、真心が十分に伝わっただろうか。

ソウルで見ていると、そのときのアメリカ議員たちの拍手は何やら負担を押しつけるような感じだった。アメリカが根気よく求めている市場開放と、在韓米軍の駐留費用の負担増を引き受けてくれるように促す拍手のように聞こえたのである。

盧大統領はワシントンで、韓国には政治犯として拘束されている者は、ただのひとりもいないと語った。彼は「ただ自由民主主義体制を転覆させようとして、暴力的行動で法にふれ拘束された者がいるだけ」と述べたのだ。要するに人権問題は議論の余地がないというのだった。

古今東西を問わず、いかなる権力者も政治的・思想的信念を理由に人を捕まえたと正直に認める者はいない。罪名だけによって政治犯でないと言い張ることもある。実定法違反者は政治犯でないと強弁もする。しかし、実定法違反という表札をつけずに政治犯を捕まえたことは昔も今もない。

執権者や与党の人びとは「実定法違反」という言葉を愛用する。そんななか、ある与党議員がこんなことをいったとか。

「実定法、実定法っていうが、それはいつ作った法なんだ。六法全書にもそんな法律はなかったぞ！」

そのとおり。法典だけではわからないほどの「実定法違反」、それが問題なのだ。英語で話すことだけがむずかしいのではない。韓国語であっても嘘をいわないというのは、並大抵のむずかしさではないのだ。

（『タリ』一九八九・一二）

11 ある反共

南韓で軍事独裁や経済的矛盾、社会的腐敗・葛藤を指弾して「容共」に追い込まれた者はじつに多い。北韓側の対南宣伝みたいな話をしたから「北傀の主張に同調」した責任を負わねばならないというのだ。こうなると北側でよく使う言葉は、客観的真実であれ、韓国語らしい語彙であれ、背を向け忌避する傾向が生まれてくる。

だから「トンム」［友だち］という良い言葉が南韓ではほとんど使われない。主権者である国民の意思表現が、北で使う言葉みたいなら反国家団体の讃揚・同調となるのだから、韓国政府を北が非難すれば、ここでは讃揚しなければならず、学生運動を北が讃揚すれば、ここでは非難してこそ反共となる。

一九八九年下半期以降、東欧の共産圏諸国がそれまでの一党独裁を脱して多党制に転換し、世間を驚かせた。ところが南韓ではそれとは反対に、与野三党がひとつの政党に統合してしまった。あちらはひとつからいくつかに分かれているのに、こちらは複数からひとつにまとまるという正反対の動きをみせた。さすが透徹した反共現象だなと思った。

共産圏諸国では一党独裁と国民基本権の制限を徐々に緩和していく様子だが、ここでは（表面的な言葉とは異なり）容赦なく引き締めている。これも共産国家の変化とは反対方向に行くもので、反共意識の発露なのかもしれない。

ソ連も（むろんゴルバチョフの推進で）大統領制を採択したのだが、韓国与党ではこれまでの大統領制を内閣責任制に変えたいとごり押ししている。これも反共態勢のひとつと解釈してみる。

共産国家では大規模市民デモを認める方向に向かっているが、ソウルでは源泉封鎖と強行鎮圧によって、殴られ逮捕される事例が増加の一路を辿っている。これも共産国家での変化と相反する点では反共であるのかもしれない。

けれども、いつの間にか異常現象が現れてきた。共産主義者が話す言葉をそのまま取り入れ自慢げに使う政治家が生まれてきたのだ。ソ連のゴルバチョフが主張した「ペレストロイカ」や「新思考」という言葉をいち早く無断借用し、強引にやり遂げるのを真似する者がいる。滑稽なのはゴルバチョフの「新思考」が強い改革意志の源泉であるのに対し、こちら側の人間は守旧ないし歴史の後進に加担する変質の弁明に新思考という言葉を使用している。

「傀儡」は「操り人形」という意味であるが、「北韓傀儡《プッカンクウェリエ》」といったときに北韓はソ連や中国の傀儡に擬制されたのだった。ところが操り人形を動かす宗主国（?）には、あらゆる善心と低姿勢を示す韓国政府が、実際には傀儡にすぎないと罵倒してきた同胞に対しては、依然として「反国家団体」なるレッテルに固執する。

朝鮮戦争のとき人民軍の総参謀長だった李相朝《イサンチョ》という人物は、ソウルにやってきてまで共産主義に対する自分の信念を堂々と放送までしたのに貴賓待遇を受けた。これに反して、民主化と統一成就のために戦う地元の同族は、例外なしにどしどし捕まえている。何がどうなったのか誰もわからない世の中になってしまった。


（『タリ』一九九〇・六）

12 ののしり政治

一九九〇年代の終わり、フランスでは大統領と総理大臣とで互いの所属政党が異なる変わった現象になったことがあった。社会主義者であるミッテラン大統領と保守派のシラク首相がともに率いていく保革共存の政府なので、内部の微妙な葛藤・衝突の発生を防ぐのはむずかしかった。

もちろんミッテランは社会主義政策を口をきわめて自讃した。

「社会主義政権下で住宅建設や病院新築などが大きく増加しており、乳児ひとりあたりの牛乳消費量も年ごとに増えています。過去には出生率の低下で苦しんだのですが、社会主義政権ができてからは、前例のないほど出生率が増加の一路を辿っています」

このとき保守派のシラク首相は物静かに反論をした。

「ほかのことはともかく、最後に言及のあった出生率上昇は、社会主義よりは〝個々人の努力〟の成果だということを大統領も否認なさらないでしょう」

我田引水、語不成説〔話がまったく理屈に合わないこと〕、牽強付会のような反駁調の直截ないい方ではなしに、「個々人の努力」という表現を使うのは、愛嬌と諧謔にあふれた反論である。

わが国の政治家たちはストレートの悪口や暴言に慣れていて、政治（家）の質を最初から落としてしまっている。口（言葉）が汚いのは、その人の心と処身までも不潔だという徴候でもある。政治家の悪口がののしりに変わり、極限的な感情を現すことはよくある。酒の上での争いでもない穏やかな気持で集まっている会議の席上で、こんなハプニングがくり広げられたともいう。

しばらく前、民主党の党務会議でいわゆる新党問題で激突が起こった。

P議員の発言が一〇分を超えて続くと、C議員が「討論をひとりでやるつもりか。もう止めなさい」と制止した。するとL議員がC議員の名前を叫び「なんだと、お前がなんで出しゃばるんだ」と食ってかかり、L議員は「お前だと？　……まったく礼儀を知らないな……」と、荒っぽい口喧嘩で一触即発の状態になった。

国会議員の教養と言語水準がこの程度ならば、それこそ「無礼者」クラスである。対話と妥協を口を揃えてくり返すが、口の利き方がそれほど下品だったら政治らしい政治を期待するのはむずかしい。同じ言葉でも遠回し、迂回的、あるいは諧謔的だったなら、風格や妙味がともなうだろうに、そうするのは容易でないらしい。

その点で多少は評価できる事例が、最近、民主党の会議でみられた。マスコミに報道されたものではなく、会議の参席者から直接聴いた実話である。

L議員を予算・決算委員長に内定したことに対して、R議員が異議を申し立て「L議員は委員長としてはふさわしくない」と反対した。L議員はR議員がソウル大出身であることを意識したらしく「ソウル大出身でなければいけないのか。世宗大王や李舜臣将軍はソウル大を卒業していたか?」とやり返した。

論理的ではないが突破力と諧謔を備えた反則攻撃としては水準級(?)だった。

国会財政経済委員会で野党議員と経済副総理のあいだに、大声でこんなやりとりがなされたこともある。

議員：そんなに打ったり抜けたりするな。

長官：事実でないというのに、なぜしきりにそういうのか?

議員：どうしてむやみに神経質になるのか?

長官：私を人格的に冒瀆したではないか?

議員：国政監査にやってきた議員をこのように扱う長官がどこにいるか？
政治家、高位職、指導層たちの言語水準を採点・評価するモニター制度を提案したいものだ。

（『本と人生』二〇〇三・七）

13 水っぽい英国

イギリス議会が一三一対一三〇で、内閣不信任案を可決すると、キャラハン首相は即座に辞表を提出した。そうすべき成文法上の根拠がなくても、政治的慣例を尊重したものだった。ただ一票の差がこうして労働党政権を、いとも簡単に崩壊させたのは「劇的」という言葉で表現しても足りないように思われる。

「世の中にはこんな国もあるのだな」との感嘆は当方だけのもので、本場のあちら側では当然のことと受け止めている模様だから、うらやましいかぎりである。

ドーバー海峡の彼方でそんなことがあってから三日目に、地中海側に飛び火したのかイタリア内閣がたったの一票差で不信任されて倒れた。誰かが政治小説を書いたとしても、こうした異変の連続は想像できないだろう。

わが国の国会でもかつて一票差の政変があった。一九五四年、李承晩大統領のための三選改憲のとき、議決定足数は一三六票なのに、「賛成」票はこれには一票足りない一三五票だった。やむなく「否決」と宣布したものの、思いもかけない四捨五入を導入し、二日目にこれを「可決」にひっくり返してしまったのである。

どちらも執権党の運命がかかった一票であるのは同じだったが、あちら側では承服をし、こちら側では蹂躪をした。今回のイギリスの場合は労働党議員のひとりが病気で登院できなかったので、敗北という結果になったというのだから、いっそう気がめいる。

当の議員を救急車で議事堂へ運んできたら、数日前の金成俊（ボクサー）の試合みたいに、引き分けであってもタイトルは奪われはしなかっただろう。与党側はその議員の病気が治って登院可能なときまで、票決を引き延ばす何らかの作戦があったかもしれないのに、そんな術策を巡らすこともなく、群小政党の議員数名を買収して敗北を免れる秘訣も求めなかったようだ。結局イギリス労働党政府は政権固守にこだわらないばかりか、むしろ誠意を尽くさなかった印象さえ残した。

韓国のロンドン特派員によると、票決日の議事堂内では激突はまったくみられず、劣勢に陥ったキャラハン首相は、逆に見事なユーモアを交えた名演説をし場内を笑わせたというのだ。いつも殺気だっている政権争いの頂点でも、そのように平和的でありうる国はいかにも水っぽい感じがする。

権力の生命は命令する力ではなく、納得させる力にあるとラスキは語っているが、権力をつかんだり手放す過程が、そのような順理に基づくものであるならば、命令よりは納得を大切に考える道徳性がいっそう目立つ。

この世の中には国民が納得できないことを、ただ命令だけでやろうとする権力者が多い。最近、屈辱を味わっているウガンダのアミン大統領もそうした部類の人物だ。

権力の座の進退が正当な票に左右される点でも、イギリスはやはり優等生の国といえるのである。


（『日曜新聞』一九七九・四）

14　自動人形

ある年の暮れ、孤児院を訪ねたわが一行は、子どもたちにパンをお土産にした。そのとき受け取ったパンを口に直行させようとする孤児たちの動きを太い声が遮った。

「さあ、パンを握ったまま両手を上にあげて、みんないっしょに笑いながら〝ヤー〟って大きな声で叫んでごらん」

同行したカメラマンの号令にしたがって「ヤー！」の歓声（？）が爆発し、一斉にフラッシュがたかれた。

パンをひとつ、ふたつばかり配って、そんな表情を強要したのだから、私は顔が火照った。

刺激にはいつも反応がともなう。けれども機械や下等動物ではない人間に、きちんと画一的な反応を期待するのは愚かである。そんなことを要求したり、操作しようとするのはもっと愚かなことである。

パンをもらった者は当然に、みんなが喜ばねばならないという考えそのものが正しくない。子どもによっては、むしろ悲しい思いがすることも、別に大したことではないと考えることも、たったこれだけかとふくれっ面する場合もあるだろう。だから全員にうれしさを示せとの教条的な考えは無理というしかない。

もし自動販売機のような機械的反応だけが認められ、それとは異なる反応はただちに故障と処理されるなら、人間はひとつの無意味な分子に解体されてしまう。場合によっては外見の行動が規格化されたように見えることもある。だからといって思考と情緒までそうなるのはほとんど不可能である。このように表と内部が互いに異なるときの言動とは、ほんとうの反応ではなしに嘘と真似になってしまう。周囲の支配的様式に迎合することによって、自分の悩みを避けようとする傾向もそうした類の現象に属する。

昔も今も「逃避のメカニズム」は、この地上に雲のように追従者を輩出した。彼らの処身はほかでもなく保護色の論理にすぎない。

抑圧と真似の群像が増えていくのは悲しいことだ。前述のカメラマンのように画一的なこともやはり同じだ。E・フロムがいった「自動人形」――これを拒否するために、われわれはさらに人間らしい苦しみに親しまねばならない。

(『東亜日報』一九七三・七)

15 賢明な愚者

イギリスのジェームス一世はわりあいに学問を好まれ、王としてはかなり博識だったようだ。しかし、彼はイングランドの伝統的な制度や慣習を無視し、王権神授説を唱え独裁を敢行した。するとある議員が王を「賢明な愚者」なる言葉で酷評したという。

事実、学識や理論に通じた人が、必ずしも知恵ぶかく正しい行動をするとはいえない。むしろ曲学阿世で知的横暴であったり、左顧右眄しながらときには無気力と虚弱に陥っていることが多い。

とりわけいまの韓国には、この類の「賢明な愚者」たちが満員御礼——青山に劣らぬほど各地に広まっている。

「こんな世の中で生きていこうとすれば仕方がない」という自虐から、「私の持論こそ国家の将来のためのもの」という独尊にいたるまで、その態様は種々さまざまである。

外形上、積極的愚者と消極的愚者、または作為的バカと不作為のバカ——このように仕分けることもできる。ここで彼らがこうなる精神的要因というか心理を暴いてみると、これまた多彩になっている。

当然言わねばならない言葉をいわないまま、顔を背ける小心沈黙派、ある勢力やある風潮の気配を素早く利用するための連合便乗派、権府追従のためならば以前の所信などはサーカス遊びに委ねる変節曲芸派、とんでもない独断によって唯我愛国に飛躍させる変装愛国派、あれこれさまざまな下心が複合している万博多目的派……。

これら流派のどれにも該当しない識者がいるなら、その人は「賢明な賢人」なのか、「愚昧な愚者」なのか、ふたつのうちのひとつになるので、呼称から漂う論理的一貫性（？）だけでも、非難の対象外にしなければなるまい。

考えてみれば知識人の堕落は昨日今日のことではなく、わが国特有の現象でもない。問題はそうした精神的自害行為が量的に拡大し、質的に深化する一般化傾向にある。そしてこうした風土は決して是正される見込みがないとあきらめる、そんな挫折感にある。堕落を堕落であると知らず、恥を恥ずかしいと思わぬ鈍感さや不感症が問題なのである。

口を開けば決まって正義を持ち出す法曹人たちは、これらの酷評から論外と認められねばならない立場である。ところが不幸にも先頃の国会で、裁判所と訴訟関係の二大法律が改悪されるとき法曹出身の議員たちが、薄利多売式な法律製造術を活用し、手柄を立てたのをみて失望を禁じられなかった。

いったいわれわれはいま「賢明な愚者」なのか、「愚昧な賢者」なのか？

（『本と人生』一九七〇・七・三〇）

16　消防車の野遊会

何年か前に起こったほろ苦い喜劇が思い出される。牙山顕忠祠《アサンヒョンチュンサ》［李舜臣将軍の肖像画を祭る聖地］の盗難防止機が盗まれたこと、そして選挙のときに消防車が野遊会《ヤユフェ》に出向いている間に火災が起こったこと……。危難を防ぎ守ってくれる防御装置がその場から姿をくらます虚妄に、あきれ果てて哄笑さえしてしまった。

盗難防止機が自分の盗難さえも守れなかった事実は、少なからぬ暗示を与えてくれる。その機能の故障を推測しもし、人為的抑制の限界を悟らせてくれもする。だからといって「盗難防止機の盗難」防止機を、と無限に考えてみても話ははじまらない。究極的な保障は他のところで探すしかない。

緊急な火災に備えねばならない消防車が野遊会に出動したというのは、とても含蓄性に富んだエピソードである。こともあろうにその間を我慢できずに火災が起こったら、「火」の無分別のせいにしなければならないのか。結局、究極的に頼るべき何ものも、われわれにはないのだなとの思いにさせられる。

賄賂事件の容疑者から賄賂を受け取り、元凶が下手人へ問責をためらう風土の中で、社会正義を語ったりもする。どんなソフィストの言葉の関所でも説明不可能な、このすさまじい日常的矛盾の前に、いまでは痛みを感じるほどの感覚もない。ここでまたもわれわれは規範無用の挫折に突き当たる。

その昔、書堂《ソダン》では声をあげ身体を揺すって文章を読んだという。身体を揺する際に書生は前後だけに揺すらねばならなかった。ただ訓長《フンチャン》（先生）だけは左右に揺することができた。門下生たちはそんな訓長の「フォーム」をしないように禁じられた。

冷房装置が整った現代式建物のなかに君臨する高い地位の人びとであっても、昔の書堂の訓長よりも大きくよくなったものはない。服従した下のほうがひたすらおとなしく従う代わりに、果てしない疑問を抱くという点だけが、その当時とは異なる。訓長の言葉と行動が表裏・前後で手のつけようもなくなれば、たぶんすべての書生が思考の基準を失ってしまうのは明らかだ。

われわれはいまだにそんな書生の疑問の中に生きているのではないか。尊び信頼し期待したあらゆるものが、実際のところは虚像であり、擬制だったことが看破されたとき、われわれはもう一度、みすぼらしい自分の場にもどり、しゃがみ込まねばならない。誰がなんといっても、きちんとは信じられないとの懐疑が先立つ。そうした不正の症状は患者の力だけでは治すことができない。信じられるようにしたらできる。盗難防止機のように、消防車のようにならねばならないはずだ。

社会現象や政治問題において偽装は利口かもしれないが、賢明なことではない。なにか大切なものがもとの位置に見えないこと、事物の論理がきちんと話されないこと、包装と中身がしばしば違っていること――こんな状況で人間の内面がいかに変化するかを、為政者が長い目で洞察することができれば、しゃがみ込んでショックだけを味わう統治客体のほうも、少しは不幸せを減じることができるのである。

（『中央日報』一九七二・七）

17 故障した因果律

北風が吹きすさんだ二月のある日、私は何件かの窃盗少年事件の国選弁護人を引き受け、誠意を尽くして法廷弁論を行った。まだ父母のかげで苦労を知らずに育たねばならない十代の身で、すでに他人の物を盗んだというのは、彼らを包容しなければならない大人たちの過失、社会の責任であり、その世間知らずの者たちに刑罰を課さねばならぬ理由があるだろうかという例の常識論に、いくらか具体的な情状論を添えて寛大な処分をと主張した。意外にも被告人席の十代の少年たちは、すすり泣きではなく手の甲で涙を拭っていた。

とりわけその日の晩、いや正確にいえば翌日の早朝、ひそかにわが家を訪問した梁上君子《ヤンサンクンジャ》［泥棒］は、家族の安眠を妨害する失礼も犯さずに、奥の間に置いてあったテレビを運び出していった。物惜しさや淋しさよりは、餞送の機会すらも遠慮した彼らの妙技にただ感嘆するばかりだった。膨れっ面をしている子どもたちの落胆を適当になだめて出勤すると、その日はなんの奇縁なのか少年窃盗犯に対する国選弁護事件の公判があった。弁護人席に座った私は人生のアイロニーを満喫しながら、失笑を隠すのに苦心した。私的経験があっても窃盗容疑の被告人が、憎悪一色に見えないことだけは幸いだった。だからといって私が何とかミリエル主教の亜流ではあり得ず、盗賊擁護論者であろうはずもない。聖人然とした偽善よりは激怒する平凡に馴染もうとする者である。

ただひとつ、生活いな生存それ自体の限界線をさまよう切迫した人間、彼らがしでかした反規範的行動を糾弾する勇気がないだけだ。

われわれが本当に憎まねばならない盗賊は、刑法上の罪名がついたみすぼらしい窃盗犯よりも、国益を盗み私腹を肥やす公盗ではないか。権力と時流に便乗し、法の上に君臨しながら法の網なぞは蜘蛛の巣と考える連中こそ真の盗賊なのだ。彼らは小市民の家財ひとつくらいを盗んだ者とは、比較しようもない財物で栄華を享受しているのだ。

少しだけ盗んだ者は監房へ出入りし、たくさん盗んだ者はホテルへ出入りする。私盗は間違いなく前科者になるが「公盗」は出世して社長になる。

こうした因果律の故障が、私ひとりだけの誤診で錯覚であることを切に祈りたい。

（『大韓日報』一九六八・二・一四）

訳者あとがき

翻訳作業と初校ゲラのチェックをやり終えて、やっと「訳者あとがき」を書く段階にまで漕ぎ着けた。さて何を書けばいいのか。やはり本書の成り立ち、内容、著者の経歴、訳者の感想と筆を進めていくのが順序だろう。

本書『ある弁護士のユーモア』の韓国語版（原書）のタイトルは『山民客談』である。「韓勝憲弁護士のユーモア散策」とサブタイトルが付いている。二〇〇四年七月一日に、韓国ソウルの図書出版汎友社《ポムサ》から発売され、これまでに初版七刷を重ね、合計一万四千部を刊行している。たとえ「ユーモアエッセー」という装いではあっても、弁護士というお堅い商売の著者の手になる書物としては、予想を上まわる（失礼！）売れ行きを示しているのである。

著者・韓勝憲氏は韓国では人権擁護派の弁護士としてひろく知られている。朴正熙政権時代とその後の専制政権時代に、民主化運動や労働運動をして犠牲になった数多くの人びとの弁護人として活躍されたからである。そのため時の権力の標的になり、拘禁・起訴され弁護士資格を剥奪される悲運にも遭った。手元の『岩波小辞典　現代韓国・朝鮮』をみると、氏について次のように紹介されている。
「韓国の法曹人、一九三四年全羅北道鎮安生まれ、五七年全北大学政治学科を卒業し、第八回高等高試司法科合格、七二年国際アムネスティー韓国委員会創立理事、七四年自由実践文人協議会会員、七五年韓国基督教教会協議会（KNCC）人権委員などを務めた。七五年金圭南にからむ筆禍事件で弁護士資格を剥奪され、八〇年には五・一七クーデターで拘束された。その後、金大中拉致真相究明市民会議共同議長など人権擁護活動を行う。金大中政権では監査院長に抜擢された」（太田修）

これをさらに補足すると、監査院長を退任（一九九九年九月二八日）してからは、法務法人広場の顧問弁護士、東学農民革命記念事業会の理事長、全北大学校発展後援会の会長、社会福祉共同募金会の会長、韓国外国語大学校の理事長などの要職を歴任され、現在は大統領諮問司法制度改革推進委員会の委員長を引き受けて、いまも多忙な毎日を送っておられる。すでに古稀を迎え今年七一歳になるが、韓勝憲氏の社会的活動の場はますます広がる一方なのだ。

韓勝憲氏は日本各地に、在日韓国人の法的地位の向上運動、金大中氏救援活動、出版著作権関係などで大勢の知人・知己がいる。ときどき来日される氏を囲んで、それらの人びとによる歓迎会が催されることがある。そうした場に出席された氏は、談論風発してとどまるところがなく、簡潔ながら上品なユーモアとジョークを連発し座を盛り上げてくれる。本書からもそのような場の空気にも似た「モッ」「風雅・洒脱・粋」を味わうことができるだろう。

韓勝憲氏の著書としては『偽装時代の証言』『虚像と真実』『情報化時代の著作権』、詩集『露宿』など二〇冊あまりがある。邦訳書には『韓国の政治裁判』(サイマル出版会、一九九七年)が唯一のものであるが、版元廃業のため「古書ネット」で入手するしかない。

『山民客談』の「山民」とは韓勝憲氏の雅号である。「客談」とは「染みの付いた歴史のなかの出来事をいくらか戯画的に描いてみた短文」の意味であると、ご自身が説明を加えている。つまり『山民客談』は「この時代状況を批判、風刺した軽いノリの文章」を集めた書物ということになる。

本書(原書)に収録した文章は、韓勝憲氏がこれまで新聞・雑誌などに発表してきたもので、中心をなすのは『本と人生』誌への寄稿文である。親友・尹炯斗氏(図書出版汎友社社長)が刊行する読書雑誌『本と人生』は、先行する『タリ』誌の志を引き継ぎながら、読書・出版に関する情報や読み物を提供する月刊誌で、連載中の「山民客談」が売り物のひとつとなっている。韓勝憲氏の文章は、端正で洒脱な筆致に加えて、巧まざるユーモアと小気味よい風刺を特徴とする。だから毎月の「山民客談」を読むのを楽しみにしている大勢の固定ファンがいるのだ。

さて、本書の構成であるが、全体は六章からなっている。「自叙伝メモ」(二四篇)、「法窓の内と外」(一七篇)、「闇のなかで」(二四篇)、「歴史の曲がり角」(一四篇)、「海外手帖」(一八篇)、「政治の場の逆説」(一八篇)であり、これに任軒永《イムホニヨン》氏(文芸評論家)の「作品解説」がつく。くだいて言うと、著者自身の性格・身辺・仕事に関すること、いうなれば自己紹介の部分(第一章)。これまでに関わってきた裁判や司法の問題点(第二章)。権威主義時代にご自身が体験したり見聞したりしたこと（第三章）。現実社会で出くわした思いがけない出来事、ここには北朝鮮訪問における見聞もある（第四章）。さらに海外の人物や事物についての所感（第五章）。韓国の政治・社会への批判を扱ったもの（第六章）となる。それぞれの文章はいずれも本文二頁前後とあまり長いものではないが、合計すると百五篇に達する。

収録した文章の執筆時期は、一九六八年年二月（「故障した因果律」）から二〇〇四年三月（「〝東百事〟の思い出」「馬が稼ぎ出した金」「鎮魂の歴史学」）までの三六年間に及んでいる。この時期はまさに韓国現代史における大転換期でもある。朴正熙大統領の強権的政治体制のもとでは、民主化運動、労働運動に対する厳しい弾圧があり、多数の犠牲者が生まれた。不幸で悲しい時代だった。その後には朴大統領射殺事件、光州民主化抗争、八七年六月抗争が起こった。大統領は全斗煥、盧泰愚、金泳三、金大中、盧武鉉氏と代わり、韓国が政治社会的にさらなる大きな変貌を遂げた時代でもあった。軍事独裁政権時代、韓勝憲氏は権力の犠牲になった大勢の人びとの弁護活動に当たった。このため権力によって「好ましからざる人物」とみなされ、逮捕、起訴され、ついには弁護士資格を剥奪されてしまった（七六年一一月）。さらに「金大中内乱陰謀事件」にも「連座」したとして連行・拘禁された。その結果、通算七年にわたって弁護士活動の中断を余儀なくされた。八三年八月に復権して弁護士活動を再開。九八年三月、金大中政権の出帆とともに監査院長に就任するのである。

したがって本訳書に収録した文章は、それぞれ執筆当時の時代的状況を見事に反映している。読者は著者一流のユーモアとウイットの溢れる文章の切れ味を楽しむのもいいが、たんにそれだけではせっかくの文章を味読したことにはならない。ぜひ執筆当時の韓国の政治社会状況にも思いを馳せて、それぞれの文章の背景にあり、含蓄するものの意味を味わっていただきたい。そうすればこれらの文章を読む興味は、一段と増すと請け合ってもいい。

なお、本訳書においては、日本の読者に理解が難しいと判断される九篇については、著者と相談のうえ割愛した。したがって本訳書への収録本数は九六篇となる。また任軒永氏の「作品解説」も紙幅の関係で割愛せざるをえなかった。さらに付言すると、本訳書収録のうちの二一篇は『韓国の政治裁判』第四章に収録されたことがあるので、その翻訳文に手を入れて再収録している。

任軒永氏が「作品解説」で述べている要点を紹介しておこう。

韓勝憲氏の文章には機知と諧謔と滑稽さが溢れているので、読者は本文を読みさえすればいい。解説などは必要としない。韓国随筆文学の伝統のひとつである諧謔と滑稽という民族特有の笑いの種が失われてしまったなかで、山民随筆は笑いの失地回復を図ろうとするものである。韓勝憲のユーモア随筆は、ヘーゲルが指摘したように、最も悲劇的な状況、暗澹たる時代的な苦痛の前で、その終末を告げようとする〝喜劇的様式〟のひとつとして登場したのだ。ユーモアとはマーク・トウェインが指摘したように、幸福な文学ではなく、憂鬱と惨憺さ、涙の表出をその本質としている。山民の随筆も同じだ。その笑いは一九六〇年代以後の韓国的政治現実が押さえつけられた独裁体制の権威主義に対する言語学的、随筆文学的様式を利用した軽快で痛快な反乱の所産である。彼のユーモアはどんな独裁者でも笑わずにいられないコメディ的な要素を有している。彼は分断韓国史がもたらした軍部独裁体制が生んだ、散文文学のチャーリー・チャップリン的な実現である。

訳者の立場からの注文を申し上げたい。大勢の読者の方々には、本訳書は「ユーモア散策」と銘打った書物なのだから、できることなら気楽に頬を緩めて読みふけり、ときにはニヤリ、ニタリと独り笑いしてくだされば嬉しい。けれども謹厳実直なあなたの表情がまったく崩れなかったとしたら、これはひとえに訳者の責任である。原書には笑える部分がたくさんあって、私は何度も笑ってしまったのだから。しかし、その笑いが哄笑、大笑、爆笑とまでにはならなかったのが惜しまれる。つまりそれが「時代的状況」というものなのだろうか。

著者の韓勝憲先生、この次はぜひ読む者が呵々大笑し、笑い転げることもできるような作品を書いてくださるようにお願いします。私もそれを立派に翻訳できるように腕を磨いておくつもりです。

最後にひと言。東方出版を紹介してくださった前田憲二氏（ハヌルハウス代表）、出版を引き受けてくださった東方出版社長の今東成人氏、こまめな気配りをして本を作ってくださった同社編集部の北川幸さん、いろいろとお手をわずらわせ、お世話になってこの本が完成しました。ほんとうにありがとうございました。

舘野　晳

舘野 晳（たての あきら）

1935年、中国大連生まれ、法政大学経済学部卒。自由寄稿家、韓国語翻訳家。2001年10月、韓国文化観光部長官より「出版文化功労賞」を授与される。著書『韓国式発想法』(NHK 生活人新書)、編著書『36人の日本人 韓国・朝鮮へのまなざし』『韓国・朝鮮と向き合った36人の日本人』(明石書店)、訳書『韓国の政治裁判』(サイマル出版会)、『日本人のための「韓国人と中国人」』(三五館)、『テーマで読む韓国の20世紀』(明石書店)、『哭きの文化人類学』(勉誠出版)、共編著書『現代韓国を知るための55章』(明石書店)、『新韓国読本』(全10巻、社会評論社)、共訳書『人物朝鮮の歴史』(明石書店)、『ソウルの人民軍』『聞き書き中国朝鮮族生活誌』(社会評論社) などがある。『出版ニュース』(毎下旬号) に「海外出版レポート・韓国」、『BOOXEN』(韓国) に「日本出版レポート」を連載中。

韓勝憲（Hahn Seung-hun）

韓国法務法人「広場」（LEE&KO）顧問弁護士、司法制度改革推進委員会共同委員長。

1934年、韓国全羅北道鎮安で生まれ、全州高校、全北大学校政治学科卒業。1957年高等考試司法科合格。法務部・ソウル地検の検事を経て、1965年弁護士を開業。歴代軍事独裁政権下で起訴された金芝河、金大中、徐勝兄弟、李応魯、朴炯圭、金洛中、文益煥、林秀卿、黄晳暎ら、多数の政治犯たちを弁護。1975年、李丙璘民主回復国民会議代表委員が拘束された背景を暴露し、再拘束された金芝河詩人の弁護人の辞退要求を拒否したため、中央情報部（KCIA）に拘束される。反共法違反（筆禍事件）で服役、弁護士資格を剥奪される。1980年、'金大中内乱陰謀事件'で拘束、非常軍法会議で懲役3年が確定。1983年復権、弁護士活動を再開。国際アムネスティ韓国委員会専務理事、韓国基督教教会協議会（KNCC）人権委員、民主憲法争取国民運動本部常任共同代表などを務め、民主化・人権運動に参与。放送委員会委員、言論仲裁委員会委員、著作権審議調停委員会委員、憲法裁判所諮問委員、中央大学校新聞放送大学院・延世大学校法務大学院客員教授（著作権法）、東学農民革命記念事業会理事長、韓国外国語大学校理事長などを歴任。

著書に『偽装時代の証言』『虚像と真実』『政治裁判の現場』『歴史の路程で』『山民客談』『著作権の法制と実務』『情報化時代の著作権』、詩集『露宿』など20巻余、そして還暦記念文集『分断時代の被告たち』『ある弁護士の肖像』がある。

日本とは丸正事件を弁護して名誉毀損の罪に問われ被告人となった正木ひろし弁護士事件、在日外国人指紋押捺制度撤廃運動、在日韓国人の法的地位問題、出版・著作権研究、金中大氏拉致事件真相究明運動などで因縁と交流が多い。日本で翻訳出版された著書には『韓国の政治裁判』（サイマル出版会、1997年）がある。

ある弁護士のユーモア

2005年10月１日　初版第１刷発行

著　者――韓勝憲

訳　者――舘野晳

発行者――今東成人

発行所――東方出版㈱

〒543-0052　大阪市天王寺区大道1－8－15

Tel. 06-6779-9571　Fax. 06-6779-9573

印刷所――亜細亜印刷㈱

ISBN 4-88591-966-5